打倒維新へ。あきらめへん大阪！

大阪市長選敗北の中に見る希望

ジャーナリスト
西谷　文和
Nishitani Fumikazu

せせらぎ出版

はじめに

２０２３年３月３日午後５時過ぎ、私の事務所に１本の電話がかかってきた。

――大阪維新の会ですけど、そちら『路上のラジオ』さん？

はい。

――西谷さん？

はい、西谷です。

――公開討論会をするそうだが、なぜこんな集会をするの？　どんな内容になるの？　何を聞くの？

すいません、ところであなたは維新のどちらさんですか？

――成松や。で、どんな質問をするの？

大阪市政に関すること、ＩＲカジノや教育行政、子育て政策など一般的な質問をするつもりです。

――3月13日は先約があるので、横山は出席しません。

欠席ですね？　で、どのような用事があるのですか？

――なんで、それを言わなアカンねん。

いいえ、集まっていただいた市民の方に、横山さんは「この用事があるので、欠席です」と説明せねばなりません、どんな用事ですか？

――別件があるんや、別件や。

用事の内容は言ってもらえないのですね。では欠席ということで。

――いや、欠席の方向や。調整はする。今のところは欠席や。

一方的に電話が切れた。ここで少し前後の解説が必要だろう。

２０２３年春の統一地方選挙、私が一番注目していたのが大阪市長選挙だった。夢洲は大阪市の土地である。カジノ建設のための土壌改良や地盤沈下、液状化対策にかかる費用は一義的には大阪市が負担することになる。万博とカジノでじゃぶじゃぶと税金を突っ込む大阪市は、下手をすれば破産する。この時点で大阪知事選挙は、反維新が谷口真由美と辰巳孝太郎に割れてしまったので、戦う前から吉村圧勝が予想された。

それに対して、大阪市長選挙は1対1のガチンコ勝負。維新からは新人の横山英幸、反維新からは自民党を離党し無所属で出馬を決めた北野妙子。維新は松井一郎が引退し、知名度の低い横山。一方の北野は大阪都構想に反対し、多数のテレビ出演をこなした住民投票勝利のキーパーソン。知事選挙ではなく、大阪市長選挙こそが一大決戦になると予想した。

そこで2月15日に2人に公開質問状を提出した。

質問は2つ。
①夢洲IRをどうするか?
②大阪万博をどうするか?
北野からはすぐに返事がきた。カジノは住民投票を行って、その結果に従う。万博は予定どおり開催する。横山陣営からは締め切りを過ぎても回答が返ってこなかった。なので電話をかけて「回答拒否ということですか?」と質問したら、応対した事務員は「横山に聞いてみます」。締め切りをすぎてから回答が来た。カジノも万博も予定どおり推進、だった。

この時点で公開討論会を企画し、3月13日(月)の淀川区民ホールを押さえた。両者とも淀川区の選出議員で、地元の人々に多数来てほしかったからだ。そして討論会への出欠を問う文書を3月1日に郵便書留で送った。出欠の返信は3月9日を締め切りとした。北野陣営からはすぐに出席のハガキが返ってきた。横山陣営からのハガキを待っていた3月3日、成松を名乗る人物から冒頭の電話がかかってきたのだった。

「はて、成松?」

切れた電話の前で、記憶をたどる。もしかして成松圭太！　私は2022年11月に「統一教会の闇、安倍政治の闇〜まだ止められる大阪カジノ」を上梓したのだが、その巻末に付録として「維新不祥事ワースト10」を書いた。維新はあまりにも不祥事と暴言が多すぎて（苦笑）10に絞るのが難しかったのだが、その輝ける1位に選んだのが成松だ。

私は拙著の中で次のように書いた。

◇

第1位は成松圭太。梅村みずほ参議院議員の公設第1秘書だった。ちなみに公設秘書の給与は税金だ。21年4月25日、コロナで緊急事態宣言が出ているときに、成松は堺市の知人宅に集まって数人で飲酒。そこで知人と口論となり、近所に止めていた車を運転（飲酒運転の疑いが濃い）、午前2時過ぎに知人宅に戻った成松は、その知人を車ではねた上に、さらに車から降りて男性の顔面を殴打、殺すぞ、と脅かした。幸い男性は頭や足に怪我を負っただけですんだ。

大阪府警は成松を殺人未遂容疑で逮捕した。梅村みずほ議員はすぐに記者会見し、成松を解雇。会見で梅村は「日頃の勤務態度も真面目で人付き合いもよかった」と釈明。普段から人付き合いがよかったヤツが殺人未遂を起こすか！　誰かもっと突っ込めよ。

橋下徹が大阪府知事に当選した2008年以来、私は維新の不祥事や暴言をウォッチしてきた。あまたの女性スキャンダルやセクハラ、パワハラ、詐欺的な公金受領、イソジン発言に代表されるお騒がせ事件など、数えきれないくらいの不祥事が続いたが、まさか「殺人未遂」まで。もう驚きを通り越して呆れるしかない。

その後成松はどうなったか？　被害者と示談が成立して、殺人未遂容疑が傷害事件に格下げされ、なんと不起訴になっている。それどころか、この成松は22年6月に日本維新の会の党職員に再雇用されたのだ。なぜか？　成松は維新の府議会議員で大阪市西区から出ている横倉廉幸の娘婿なのだ。松井はこの横倉に世話になっていて頭が上がらないと言われている。これは究極の縁故資本主義である。公務員や生活保護受給者、在日韓国・朝鮮人に厳しく、身内に甘い。知人を殴り車で轢いた人物を、党の職員にする。それが現在の維新の会である。

◇

少々引用が長くなったが、この成松が電話をかけてきたのではないか？　そして、成松はこの選挙戦における「メディア担当」なのだそうだ。もし「不祥事列伝」第1位の成松と同一人物ならば、わずか2年前に「殺人未遂」で逮捕されて起訴されかけた人が、堂々と復活させてもらい、そして今は、マスコミ対策の最前線にいるということになる。これって維新の実態を表していないだろうか？

と、ここまで書いて衝撃のニュースが飛び込んできた。なんとこの成松の「雇用主」だった梅村みずほ議員が、参議院本会議で「支援者が（死亡したスリランカ人の）ウィシュマさんに『病気になれば仮釈放させてもらえる』と助言して淡い期待を抱かせ、詐病の可能性を指摘される状況につながったのかもしれない」「ハンガーストライキによる体調不良で亡くなったのかもしれない」と、事実とまったく異なる底意地の悪い発言を行った。さすがに法務委員を更迭されたが、まだ梅村議員は「信念に基づき発言している」と開き直ったままだ。

この議員にしてこの秘書あり。死者を冒涜する議員と殺人未遂の秘書。

本来なら、これだけで維新の支持率がガタ減りすべきだが、残念ながら「いま総選挙をすれば維新の躍進は確実」と言われている。本書では、なぜこんなことになったのか？大阪の反維新側には何が足りなかったのか？を分析し、「次こそ維新政治を終わらせる展望」を解き明かそうと思う。

ぜひ最後までお読みいただき、「まだカジノは止めることができること」「次の解散総選挙こそ野党共闘で戦うべきこと」などについて確信を持ってほしい。あきらめずに声をあげる、そして投票率を上げて政治を変える。暗黒の日本に晴れ間をもたらす。拙著がそんな一助になれば幸いである。

2023年5月

西谷文和

目次

PART・2 4年後の選挙に向けて、今からが勝負

PART・3　なんぼでも言うで。維新は断罪や

PART・4　立憲民主党よ、原点に立ち返れ！

PART・5　「お祭り資本主義」で大阪は破産へまっしぐら

PART.1

それでも見捨てられへん大阪

【対談】
元大阪市会議員
北野 妙子

※この対談は2023年6月6日に行われました。

大阪市を見捨てておけない思いで立候補

――今日のテーマは「それでも見捨てることができない大阪市。市長選挙から見る再生の方向」です。まずは何よりもお疲れ様でした。立候補してもらったことに感謝しています。

北野妙子　いえ、感謝されるようなことは……。

――いやいや、一時は不戦敗なのか？と危ぶまれていましたし、有力候補による1対1のガチンコ勝負。維新がどんな集団なのか、選挙で明らかにするチャンスでもありましたし。

北野　確かに不戦敗という選択はありませんでした。

――立候補を表明されたのは23年2月8日でしたね？

北野　はい、正式には。でも表に出たのは2月1日でした。前日の1月31日に後援会幹部に「出ます」と申し上げたのを、新聞社に裏を取られて記事になってしまって。

――そうか、新聞発表が先。

北野　翌朝、自宅マンションの玄関口に記者さんたちが鈴なりになって（笑）。「あー、えらいこっちゃ」と。まだほとんど相談してないのに（苦笑）。

――維新はあの時点ですでに市長候補を公募で選んで、横山英幸に決定済み。すでに立候補を表明してましたからね。

北野　同じ淀川区の選出ですから、各方面から冷やかされるんです。「がんばりや」というのもありましたが「（どっちが勝っても）淀川区から市長が誕生するんやね、ヒューヒュー」（笑）など。

――横山候補が淀川区の府議会議員で、北野さんは市会議員。同じ区内でガチンコ対決。

北野　彼が3期で、私は先に議員になってましたので、新人の頃からずっと知ってました。

――北野さんは5期？

北野　最初は補欠選挙で入ったので、4期プラスαです。

――大阪府知事選挙は反維新側が分裂してしまいました、辰巳孝太郎と谷口真由美に。その上に吉村人気が絶大。「知事選挙はアカンやろな」と早々にあきらめムード。だからよけいに市長選挙に注目が集まった。1対1のガチンコ、なおかつ松井一郎が引退し、横山候補は新人で知名度が低い。そして夢洲は大阪市の土地。北野さんは都構想の住民投票の時に反対の側で奮闘されて、名前はある程度通っている。私を含め、多くの人たちが「大阪市長選挙が一大決戦」と思っていました。

北野　確かにそう言われてました。当時、私は自民党の執行部側にいました。市会議員団の前幹事長で大阪府連の女性局長だったので、候補者を選ぶ側にいたのです。数多くの方とお会いして、断られては次に行き（苦笑）、みたいな。これを半年以上繰り返してました。

――水面下で半年も。

北野　今だから言えますが。

――選ぶ側の立場の人が選ばれてしまった。

北野　はい。

――大阪市を見捨てておけない、という危機感があった？

北野　はい。ですので、かなり有力な方にもお会いしてました。「この人が出てくれはったら、勝てるやろな」というくらいの方です。最終的に断られたのが1月31日。答えを待っている間に心が揺れました。その方に出ていただくには、いろんなものを犠牲にしていただかなくちゃいけない。ご家庭やお仕事などを。お願いしたその方が、すまなさそうに断られる姿を見ながら「私がもし出るとしたら、何を犠牲にするのだろう？」と自問自答しました。当時は淀川区から6期目の市議を目指すつもりで、公認もいただいてました。市会議員選挙に専念する準備を、他の行政区の候補者調整と同時に進めていました。

――個人的には「北野さんが市長選挙に出てくれたらなー」と思ってました。でも淀川区を車で通ったら、ポスター貼ってあった。やはり北野さんは市議に出はるんやな、と。

北野　でしょ？　だから地元の支援者には確かに混乱は生じます。でも私自身、いろんな方に断られていく中で、捨てないといけないもの、犠牲にするものはあまりないなー、と。「誰かが出なアカンのやったら、行こう」と決心したのが、有力候補のファイナルアンサーを聞いた時。もうこれ以上ゴタゴタするのは避けたい、と。

――だって1月31日。選挙の2ヵ月前じゃないですか。タイムリミットがもうそこまで。

北野　4年前の、前回の選挙を思い出しました。やはり無所属で出られた柳本顕さん。自民党の推薦で立候補されたのですが、あの時すでに参議院の候補として内定していたんです。それを剥ぎ取るようにして（苦笑）出てもらった。ご本人も相当、抵抗や葛藤があったと思います。

――確かに。順当に行けば、ほぼ参議院議員になれる。

北野　選挙ですから、わかりませんが。

――はい。しかし大阪選挙区の定数が4あるので、自民党候補ならまあ、入りますよ。

北野　それに加えて、柳本さんはそれまで参議院選挙に向けて準備して、事前にエネルギーを割いてこられたわけで。

――ある種、自己犠牲の精神。実は、柳本さんにもこのラジオに出ていただいてるんです。

北野 そうでしたか。柳本さんは大阪にかける愛とか情熱とか、余人をもって代え難い候補者だったものの、参議院選挙、つまり国政にチャレンジする直前。犠牲にしたものはかなり大きかったな、と。あの時のもめた経緯、柳本さんに固まる何週間かの時間消費を考えますと、「次、誰にお願いする？」という相談が入る前に、「もう私が手を挙げよう」と決意しました。

公開討論会に来なかった横山英幸候補

――松井市長は「カジノには税金を使いません」と言ってたのに790億円の公金投入。夢洲でカジノするのは危険やで、って言うてるのに強引に進めてました。都構想は住民投票をするのに、カジノではやらない。誰か出てほしいなーと渇望してた時ですよ。北野さんの決意を聞いて、私は喜びました。その後「何かできることはないかな？」と。それで大阪市長選挙に限って、横山さん、北野さんで公開討論会を企画しました。

北野 そうでしたね、呼びかけていただいて。

――『路上のラジオ』主催でね。

北野　それも選挙戦の早々に。

――3月13日に。でも横山候補には来てもらえなかった。

北野　出欠の返事を、かなり待ってらっしゃったんでしょ？

――はい。

北野　討論会ですから、たぶんシナリオはないんだろうな、と。

――はい。質問事項は①夢洲ＩＲをどうするか？　②万博をどうするか？　③教育や子育て施策、などで、ガチンコで話し合ってもらおう、と。

北野　しかも場所が淀川区民ホールでしたね。

――予約したんですよ。淀川区民ホールは結構行事が詰まってて、予約が難しいんですよ。でも淀川区にこだわって（笑）。お互いの選出区で、地元有権者に来てもらおうと。

北野　両陣営とも知ってる区民が対象で、しかも選挙戦の口火が切られた時期。この公開討論会が呼び水になってテレビの地上波とか、他団体からも公開討論会のお声がかかってくるのかな、と思っていました。

——だって、候補者の政策や考えを直接、有権者に聞いてもらって、人柄にも触れてもらった上で判断してもらう、というのが本来の選挙の姿でしょ？　それで公開質問状も出しました。カジノについて北野さんは「住民投票で決める」。横山さんは「予定通り推進」。討論会では真っ先に、これを尋ねようと思ってたんです。でも参加していただけなかった。

北野　市長選挙が公示されて、正式に立候補した時点で議員は自動失職するんです。横山さんもあの日はまだ府議会議員。大阪府議会の予定などがあったのでしょうか？

——欠席の理由は「別件があるから」。梅村みずほの秘書だった成松さんから電話がかかってきて。

北野　新しい名前が出てきましたね。

——私、「維新不祥事&暴言ワースト10」を書いたのですが、その第1位にした人です。お酒飲んでケンカして、友人を車で轢き殺そうとした、という。その人だと思うんですが、突然電話がかかってきて「別件あるから行かれへん」。ガチャンと電話が切れて。

北野　そんなこと全然知らないものですから、たった1人で私の考えを言わせていただく機会を得て、よかったかな、と。あの日の内容、配信されました？

――はい、ラジオ番組で。そして動画はＹｏｕＴｕｂｅで流しました。あの時、北野さんは大阪を「三方よしの街」にしたい、とおっしゃいましたね。住んでよし、働いてよし、訪れてよし。もし討論会になっていたら横山候補は「賭けてよし、すってよし、泣いてよし」（笑）。公開討論会の方が問題点が浮き彫りになりますよね。だから肩透かしを食らった感じで。

北野　将来の大阪をどうしたいのか？　大きなビジョンというか……。

――だって、立候補されたわけなので、そこは聞きたい。

北野　そうなんです。私はこの「三方よし」で、将来の大阪を語っているつもりなんです。「こんなふうな大阪にしたいな」。みなさんから共感をいただきたいと思ってましたからあの表現になったのですが、「じゃあ、あなたはどう考えるの？」と聞けますよね。

――はい、たとえば「働いてよし」。中小企業とか商店街を応援しようと言うのが北野さんで、カジノをやって中国の富裕層から税金とったらええねん、と言うのが維新。ぜひ両方を聞いてほしいな、と思ってました。

北野　そうなったら、言い返せることいっぱいあります。「（中国の富裕層）ホンマに来はるの？」とか（笑）。

——立候補した以上は、横山候補にとっても「いい機会」のはず。政策を訴える機会。

北野 そうなんですよ。見せ場を作れるわけです。実は二度にわたる都構想の住民投票で、「こんな質問がきたら、こう語ろう」「わかりやすく、端的に説明するには、こうしよう」とか。今度の選挙でも、いろんな場面を想定して、用意していたんです。だから横山さんの欠席は、私も本当に肩透かしでした。テレビ局も地上波はまったくの及び腰。知事選挙では4者で討論会をしたでしょ?

政策を知ったうえで投票するのが民主主義

——はい。吉村、谷口、辰巳、それと参政党の方。テレビの生放送でやってました。

北野 市長選挙はやらなかった。どうして?と関係者の方に聞きますと、「数字(視聴率)が取れない」。でも本当かな?と感じています。知事選挙ではカジノ賛成の吉村さんが1、反対の方が3。1対3の時間配分になってしまう。これを「どうにかして1対1にすべきだ」という注文がたくさんきたそうです。テレビ局の方でも非常に苦心した、と。逆にあまりにも吉村さんに喋らせすぎると、これにもクレームがくる。

各個人を平等にすると、1対3になって不平等になる。痛し痒し。やはり放送終了後、両陣営からクレームがくるということになったそうです。

――そうか、市長選挙は1対1なのでテレビ討論はやりやすい。

北野　ただ私も無名で、横山さんも新人。だから「数字」が。

――テレビは毎日、吉村知事を出して、吉村は数字が取れる（苦笑）と思っていた。吉村が出ない市長選挙の討論会は「数字」が取れない（苦笑）。

北野　じゃあ、知事と市長の候補者を全員呼んで、ガチンコでやってくれたらいいのに。

――賛成、反対両方の意見を、生でね。

北野　だって知らない人の名前は書きにくいじゃないですか。どんなふうなものの言い方をするのか、雰囲気はどんな方なのか。発する言葉もさることながら、候補者の人となりも。その人が発する全体の雰囲気というか、そんなことがわかるのは地上波でしょ。ラジオも素晴らしいけれど。

――それはやっぱりテレビでないと。互いの政策を知った上で、映像から伝わる人物像も見てもらってからの判断、ですよ。これ、普通の民主主義だと思います。市長選挙に関するテレビ討論会は、本当に一回もなかったんですか?

北野　はい。ありませんでした。住民投票の時から2年半くらい経っているでしょ、あの時は10数回。テレビに出ずっぱりだったので、今回もあるのかな?と思ってたのですが。

——そうそう、15年と20年の住民投票、生放送で激論されてましたよね。

北野　「あんまり松井さんをいじめないでください」って言われて（笑）。いじめてませんよ、逆に私の方が、って感じだったんです。あの時の印象が強かったらしいのですが、でもそれを覚えてる人も少ないのでは？　たとえば名古屋の河村さんの騒動のことなど、私も詳細は覚えてませんよ。少し離れて少し時間が経つとみんな、すぐ忘れてしまいますよ。

——河村さんの陣営がリコール署名を捏造したり、いろいろありましたけどね。

北野　でも細かいこと、忘れてるでしょ。それと同じことです。

——それに今回の市長選挙は特別だった。大阪の将来を左右する選挙じゃないですか。ＩＲカジノ問題があったので。

北野　しかも2年後に万博がある。開催地でもあったので大阪市が非常に注目されると思ってました。だから立候補すると決意しながら、胃がキリキリと痛むような思いでした。横山さんもそんなことをおっしゃってました。

反論できない、言いたいことが言えないムードの大阪

――「数字が取れない」という理由には疑問符がつきます。百歩譲って、そうだとしても数字だけで放送が左右されていいのか。放送する前から「取れない」って判断してどうするねん、って話ですよ。結局、投票率が下がったじゃないですか。４年前が52％強、今回48％強で４％も下がっている。

北野　半分の方が行かないいんだって思うとね。

――５割を超えない。自分たちの街のことやのに。

北野　自分のことだけじゃなく、選挙権のない子どもたちやこれから生まれてくる孫たち、将来世代の未来まで決めてしまうような大問題ですから。やはり今を生きている有権者が責任を持たないといけない。でも、みんな忙しいんでしょうかね。

――これは関西学院大学の冨田先生がおっしゃってましたが（本書の48ページ）、維新は多数の府議会議員、市会議員を持っている。１人ひとりの議員が５千名～６千名の名簿を持っているとすれば、この人たちに電話や戸別訪問をして「票を固めた」ら勝てる。投票率を下げる作戦。「潜ったのでは？」と。確かに討論会にも出てこない、街宣もやらない。

北野　あまり見なかったですね。バッティングするということはありませんでした。街宣車同士が行き交う場面もほぼなかったんです、この狭い大阪市の中で。

――タウンミーティングはやってました。実は3月上旬の淀川区のミーティングに行ったんです。十三のプラザホテル。手を挙げて質問しようと思ってました。「横山さん、『路上のラジオ』で公開討論会を企画しています。来週の月曜日です、来てもらえますか？」。横山さん、挨拶したらすぐ帰ってしまった。質問タイムなし。次に吉村さんが出てきて、前日にテレビ討論会があったので、プリプリ怒ってた。谷口や辰巳は言いたいこと言いやがって（笑）。で、吉村さんへの質問もなし。

北野　でも、身内の方というか、支持者の方もそれでいいんでしょうか？　議員のみなさんが知事や市長の言うことに対して反論できない、言いたいことを言えない、というのは、あってはならないことですが、まあ、あり得ます。でも支持者の方は自由じゃないですか、質問もできず、トップの言うことを聞くだけ。これ、大阪固有の現象になりましたね。よその都市ではこんなタウンミーティングは成り立ちませんよ。

――参加者が怒るでしょうね、おい質問させろ、とか。

北野　そう。これ、もう少し聞きたいねん、ちょっとおかしいやないか、など。ある意味、大阪が非常に危うい状態になっているのでは。

――住民が分断されたでしょ、都構想賛成と反対に。

北野　明らかにそうなりました。

――で、自分の支持者だけに訴えたら勝ちますから。どちらでもない多数の人々はどんどん白けちゃって、投票率が下がっていく。議員の定数も減らすんでしょ？

北野　定数を減らせば少数意見が抹殺されていきます。思う壺です。なんでもできる。悪法も通ります。都構想の住民投票の後にはすぐに広域一元化条例、今回はすぐに定数削減条例。まだ議会が始まっていないのでこれから議論になりますが、「議員を減らせば費用が減る」という単純な理由で。

文化や伝統は一夜に崩せても、一夜にはできない

――いわゆる「身を切る改革」ですね。

北野　民主主義はコストのかかる制度です。これだけ多様性のある時代なのに、逆の方向にいってるのが大阪。

――議員の定数を減らして、たとえば1億円を浮かせたところで、夢洲に790億円突っ込むんでしょう、そして無人島に地下鉄を伸ばす（苦笑）。

北野　そちらの方が無駄だし、今後はやりたいことが何でもできる。御堂筋を見ていてそれを感じました。

――側道を閉鎖してタクシーの運ちゃん困ってました。

北野　商店の方も困っています。景観は工事中なので、まだどうなるかわかりませんが、御堂筋が御堂筋でなくなってしまう。御堂筋を作られた大阪の関一市長、中興の祖といわれた素晴らしい市長さんが、あちらで泣いてはるんと違うかな。

――ライトアップは好きなんです。

北野　キラキラしいことがね。

――松井が電気屋やからね（笑）。堺市の古墳も電飾する、って言ったり（笑）。

北野　キッチンカーとかバーベキューとか（苦笑）。維新は好きですね。

――道頓堀にプール、大阪城でモトクロス。堺市では古墳にヘリウムガスを詰めた気球を。でもガスが抜けて上がらない（笑）。

北野　それが本当に文化と呼べるのか、ということです。何でも商売に結びつけてしまうでしょ、お金儲けに。

――カジノと一緒。

北野　何もないことの良さとか、造作というか、人工的なものがなくても楽しめることってあると思います。緑の木陰であったり、小川のせせらぎであったり。

――橋下さん、文楽とオーケストラが嫌いでした。

北野　はい。確かにそういう文化にはお金がかかる場合もあります。しかし長年積み重ねてきた伝統は、一夜にして崩せるけれど、一夜にしてはできないんです。こうしたものに対する保護は、公共がするんですよ。

――たとえば府立高校は長年その地域にあって、地域の人々に密着して積み上げた伝統がある。でも平気で潰すでしょ。

北野　いわゆる3年ルールですね。私はそろばん検定で、市立商業高校を使わせてもらった経験があります。

――文化や伝統、コミュニティーなどお構いなし。

北野　プチ東京とか副首都などと言いながら、関連するお友だち企業が、おいしいところを取っていかはるんです。

――パソナが儲かってるんですよ。公務員をリストラして。

北野　でも最近ほころびが。他社ですが、某旅行会社がコロナでね。

――中抜いたり、水増し請求したりしてね。

北野　良くない傾向です。

選挙が終わってから「大丈夫か」と言い出した経済界

――選挙中に、ギャンブル依存症の被害者にお会いになったり、カジノそのものや夢洲の地盤問題など、「知れば知るほど反対になる」っておっしゃってましたね。

北野　そう思うことが多々ありました。維新陣営は市民生活に直接影響のあることを語りません。その上で「大阪は良くなっている」と信じ込ませようとしています。これって、壺とか売る時の（笑）、ああいうのと似てるんじゃないか、と。大阪の賃金、所得が伸びていないことなど、市民は知らされていないんです。市の財政と市民のフトコロは分けて考えないといけない。彼らはそこをゴッチャにしていて「財政が良くなっているから、市民の暮らしは良くなっている」。でもこれは全然別のものでして、企業体としての大阪市は良くなっているかも知れませんが、市民のフトコロは維新になってから少しも良くなっていないのです。これを隠したまま、「ウメキタ見てください、天シバ（天王寺公園）見てくださいい、ハルカスが建ったじゃないですか」。でもそれはまったく違う話です。だから「知らされていないことを、知ってください」と訴えるのですが、焼け石に水というか、一生懸命訴えれば訴えるほど、虚しさを感じるというか。だから選挙期間中も、「このままではいけない」「何とかしなくっちゃ」という焦りのようなものがありました。

――カジノ問題ではね、ギャンブル対策するから大丈夫、って言うでしょ？　それやったら作らないのが一番や、というこの単純な理屈が、なんで通らないのでしょう？

北野　一番明瞭な答えですのに。

――パチンコ屋さんがあるから依存症患者が出るわけで。

北野　一番の対策は作らないことです。これはわかりやすい、でもわかりやす過ぎてもダメなんでしょうか？

――いや、おそらくテレビ討論があって、北野さんがその議論をすれば、お茶の間のみなさんも「そうやな」って思うわけです。

北野　彼らはギャンブル依存症対策を、クラウドファンディングでやるつもりです。さすがにダメでしょう、公費でやらないと無理ですよ。

——カジノ業者に貸す土地代を談合で極端に安くした、っていう疑惑も。

北野　そう、それも情報が隠されたまま。

——公開しない。

北野　ＩＲのまち開きが1年ずれました。２０３０年以降に。でもなぜそうなったのか、情報が公開されません。

——おそらく、沈むからと違いますか（笑）。埋めても埋めても沈むから、ビルが建たない。

北野　国が認可する必要もなかったのに、と思います。これは政権の問題なので、私が言うべきことではないかも知れません。でも選挙結果を見て、こうなったのではないでしょうか。前々から国交省筋から聞こえてきてたのは、結果を見て、と。でも統一地方選挙は前半後半がありますので、せめて後半戦の結果を見てからでも遅くなかった思います。しかし「そそくさと」決めてしまいましたね。ビックリしました、私が悪かったのかしら、と。

——いやいや、そうではなく関心の低さが招いた結果でしょう。後から振り返って、こんな計画を認可して失敗したな、と国も思うはずですよ。東京オリンピックだって、後からいろんな問題が出てきましたし。

北野　もう一つ不思議なのは経済界の方が、関経連を中心に「大丈夫か？」と。見込み、試算がおかしいのと違うか？などと言い出してはります。認可されてから言い始めたのもおかしいな、と。もっと選挙の時に言うてよ（苦笑）と感じます。

――隣のＵＳＪ（ユニバーサル・スタジオ・ジャパン）よりもたくさんの来場者が来るという試算。

北野　一番多い時と比べて、さらに多く見積もっています。

――ＵＳＪよりもたくさん客が来るんやったら、なんで賃料が平米当たり12万円（ＵＳＪ隣接ホテルは50～60万円）やねん。矛盾だらけ。それに中国の富裕層は来ません。習近平が汚職撲滅で、外貨持ち出しを制限してますもん。

北野　まったくおかしな試算です。

――これは日本人のパチンコ愛好者をターゲットにしてるんでしょ？

北野　はい。試算も変わったんです。最初は中国の方々が来客となっていたのが、いつの間にやら日本人（約7割）に逆転。

このままでは日本一市民の声が届かない自治体に

——堺市長選挙に出られた野村友昭さんが、非常に詳しく解説してくださってね、このラジオで。野村さん惜しかった、残念です。やはり堺市も投票率が下がってしまいました。

北野 下がりましたが、一番驚いたのは維新の永藤さんの得票数。前回と今回で、たった数票差なんです。

——まったく同じだけ出してくる。だから投票率が下がれば下がるほど維新が勝ってしまう。

北野 ビックリしました。もう鉄板です。

——大阪市でも4年前、松井一郎66万票、今回、横山英幸65万5千票とほぼ同数。だから投票率が48％では絶対に負ける。60％を超えないと。

北野 そうですね。

——住民投票は60％を超えたから、賛成69万、反対70万で辛うじて反維新が勝ちました。だから維新は関心を持ってほしくないんだと思います。

北野 それはもう明らかです。投票率を上げない運動といいますか、そういうことを勘ぐりたくなるような選挙戦でした。

――カジノのカの字も言いません。

北野　いやしくも為政者ですし政党を名乗っているのですから「投票率を上げましょう」と言うのが本来の姿。そもそも危ういと思うのは大阪だけが首長、知事と市長ですね、これが「第1会派の政党の党首である」ということ。これってやはりおかしくないですか？　誰かが言うべきだと思います。

――堺市で野村さんが同じことをおっしゃってました。首長は無所属であるべきだ、と。

北野　そう、大阪の維新政治が当たり前ではないんですよ、と声を大にして言わないと。

――北野さんも野村さんも自民党をやめて、無所属で立候補。吉村さんは維新の共同代表、横山さんは幹事長。

北野　私が自民党をやめて無所属で出たことを、彼らはあたかもおかしなことのように言います。

――自民党に反対する人も大阪市民、少数意見も含めて耳を傾けるのが首長です。

北野　これは当たり前のことなんです。彼らがむしろレアケースで、政党のしがらみから抜け出せないじゃないですか。今は第1会派と組めば何でもできる、予算編成も人事も。

――当選後、横山市長は「もう熟議はいらない、多数決でスピーディーに」という趣旨のことを述べています。じゃあ議会は何のためにあるの？

北野 追認機関ですね（苦笑）。

――首長が暴走した時に止めるのが本来の議会のはず。

北野 二元代表制とか議院内閣制とか、昔、社会科で習ったこと、高学年で習ったところをもう一度勉強し直すような（苦笑）、そんなことが必要。

――維新はもう一度小学5年生、社会科（上）の教科書を読め（笑）。

北野 冗談ではなく、本当に大事なことですので。たとえば今回のコロナで給付金が配られた。生活はすなわち政治なんです。これを実感されたと思います。そうであるならば政治というものがどういうふうな仕組みで成り立っているのか、なぜ議員を選ぶ選挙があるのか、自治体はどのように構成されているのか、当たり前のことだけでもいいから、ちょっと復習し直してほしいな。

――「地方自治は民主主義の学校」ですからね。少数者の意見も聞かなアカンのです。

北野 そうなんです、「身を切る改革」で定数を83から81にしたところなのに、また70まで11削減するって……。

――そうなれば横浜市に次いで人口当たりの議員数が少なくなります。

北野　日本で1、2の市民の声が届かない自治体になってしまいます。これを裏返せば、彼らは「政令市で一番、行革を進めたのは私たち」と言いたいわけですね。この調子でいけば日本一議員数の少ない自治体になるでしょう。この日本一がほしい。

――それで赤バスは廃止、敬老パスは有料。カットカットでしょ？　大阪市は疲弊しますよね。

北野　安全安心という面では、防犯カメラが少なくなったり、道路から白線が消えていったり、街路樹が切られたり。

――巨大な大阪市に保健所は1ヵ所しかない。

北野　大阪市民のみなさんは痛みを感じたはずなんです。だからもう一歩踏み込んでほしい。問題を解消して現状を変えるにはどうしたらいいか？　やはり選挙で変えるしかない。

将来の大阪の舵取り役を若い世代に託したい

――ズバリ次の4年間、どうされる予定ですか？　市長選挙に向けて、ご自身が再度奮闘されるのか、後継者を育てていかれるのか？　私としてはもう一度挑戦してほしいのですが。

北野　市長選挙に立候補する前に、私は地方議員をあと4年で辞めようと思っていたんです。次の任期を全うしたら、引退という自己辞令を出していたんです。選挙そのものが変わってきているでしょ、ＳＮＳでの発信やネットを通じた宣伝など、もうついていけないな、と。私の世代ってデジタルとアナログの端境期なんです（笑）。

――よくわかります、同世代ですから。

北野　今後は政治のあり方や会議の持ち方、方針の決定方法などが変わってくると思うんです。ディベートのやり方も。もっと若い方が出てくるべきだと思いますし、自由な発想で、いまの時代の流れを掌握し、体感して育ってきた方々に夢を託さねばならないと思っているのです。将来の大阪の舵取り役は、リアルタイムで時代の変化を感じられる人がやらないとダメです。実を申しますと昨年1年間で「次の大阪を任せられる後継者を」と、水面下で動いていたのです。後継者育成が間に合わず、市長選挙が始まって私が立候補することになって一旦止まってしまいましたが、今からでもできることがあるのではないかと思っています。

――4年後の市長選挙、市会議員選挙はもう始まっていますからね。カジノ問題で言えば、国の認可は下りましたが、私は「業者が逃げていくのでは？」と思っているのです。

北野　そう、世界にはカジノが数多く集中しているリゾート地があるのに、1個しかない大阪、収益予想が疑われる夢洲に、わざわざ来ませんよ。

――株の世界で「損切り」ってあるじゃないですか。今まで投資してきたから、とズブズブ税金を突っ込むより、スパッと辞めた方が傷は浅い。

北野　政治の世界と違って、商売は見切りが早い、特に外資は。

――儲からへんと思ったら、サッと逃げる。

北野　そうなった時の損害賠償金も決まっています、6億5千万円。

――わずか6億5千万円で逃げられる。夢洲の地盤対策に1千億円近い税金を使って誘致してるのに。

北野　雀の涙です。逃げていく場合も視野に入れた上でのカジノ営業なんです。

――大阪市民はもっと怒らないといけません、カジノを推進してきた人たちに対して。

北野　はい。今回の「1年延期」という吉村知事の発表の裏に何があるのか？　これは現時点で、最も興味深い点ですね。

――あっという間に時間が過ぎてしまいました。今日はありがとうございました。

北野 ありがとうございました。

PART.2

4年後の選挙に向けて、今からが勝負

【対談】
関西学院大学教授
冨田 宏治

※この対談は2023年4月12日に行われました。

維新の強さを支える3割の岩盤支持層

――今回は「2023統一地方選挙・前半を振り返る。大阪でなぜ維新が強いのか？　立憲野党の復活はあるのか」です。私、個人的には「大阪カジノを止めたい」と懸命に反維新の候補者を応援してたんです。結果は驚くべき票差で維新の吉村洋文、横山英幸の圧勝。大阪知事・市長のダブル選挙で言えば谷口真由美、辰巳孝太郎、北野妙子など反維新側は思った以上に浸透せず沈んでしまった。敗因は投票率ですね？

冨田宏治　そうです。以前から指摘していますが、維新は巨大な固定票を持っています。絶対得票率、つまり有権者総数に対して何割の人が維新に投票するか、といえば大阪では約3割なんです。今回の大阪市長選挙で見ると、維新の横山候補は65万5802票を獲得、有権者は221万4996名なので、29・61％。見事に3割でしょ。4年前の市長選挙は松井一郎が30・18％だったので、躍進どころか得票を若干減らしているのです。維新が議席数では一人勝ちだったので「維新、強かった」と報道されていますが。

――そう。腹が立ってテレビの開票速報、早めに消してふて寝しました（笑）。

冨田　維新は有権者の30％を固め切った。全体の投票率が下がっているので、反維新の側は前回よりもさらに負ける、自分たちの支持層を広げることができなかった。言い方はいろいろあるけれど維新

大阪府知事選の結果

	2019年	2023年
得票数	吉村 洋文　2,266,103 小西 禎一　1,254,200	吉村 洋文　2,439,444 谷口 真由美　473,972 辰巳 孝太郎　263,355
投票率	49.49%	46.98%
有権者数	7,213,730人	7,188,665人
維新の絶対得票率	31.41%	33.93%

大阪市長選の結果

	2019年	2023年
得票数	松井 一郎　660,819 柳本 顕　476,351	横山 英幸　655,802 北野 妙子　268,227
投票率	52.70%	48.33%
有権者数	2,189,852人	2,214,966人
維新の絶対得票率	30.18%	29.61%

が勝ったというよりは、反維新が負けた、ということです。具体的な投票率を見ると、前々回15年は50・51％、前回19年は52・70％。

――前回はクロスだった、松井と吉村が互いに辞職して知事と市長を交代。話題になってたから。

冨田　今回は48・33％で、かなり下がった。盛り上がらなかったんですよ。そんな中でも維新は有権者の3割の票を出してくる。つまり投票率を60％まで上げなかったら、反維新は勝てない、ということなんです。都構想の住民投票では2回とも60％を超えた。1回目、15年の時は67％で、2回目の20年は63％でした。それで都構想反対が辛うじて勝った。つまり60％を超えた時に初めて反維新の側に勝ち目が出てくる。今回48・33％に留まったのは誰の責任か？　それは反維新の側に原因があると言わざるを得ない。

敗因は「投票してもどうせ維新やろ」という空気

――反維新側が、知事選挙で割れてしまいました、谷口と辰巳に。これが大きかったのでは？

冨田　はい。「勝てそうだ」という希望を有権者に抱いてもらわないと投票所まで足を運んでもらえないんですよ。

――「死に票になる」と思ったら、わざわざ行きませんよね。

冨田　私の友人が、普段は政治的な話をあまりしない人なんですが、「どうせまた維新やろ」とつぶやいてました。開票速報を見る前にね。

――吉村が勝つわな、横山も固いな、と（苦笑）。

冨田　この感覚、どうせ行ってもまた維新やろ。これを払拭できなければ勝てないんですよ。

――私も最終盤、街宣カーの上から演説させてもらったけど、街が白けてました。

冨田　どうせまた維新やろ、と投票に行かない人たちが「いや、今度は勝てるかもしれない」と思ってくれないとダメ。この状況にしないと60％にはならない。だけどもともと日本の選挙は60～70％の投票率だったんですよ。

――かつてはね。

冨田　第2次安倍政権ができるまでは。だから60％は決して無茶苦茶な数字ではないし、実際に住民投票では2回とも超えてるわけなので、「どうせまた維新やろ」という空気に持っていかれるのが一番ダメなんです。

――大手メディアも事前の世論調査で、たとえば「吉村リード、谷口、辰巳懸命に追う」みたいな報道をするでしょ。やっぱり、維新が強いわーって思いますよね。

冨田　そこをどう突破するのか。そのためにはいろんな仕掛けが必要になります。やはり1対1で維新と激突しないといけない。そして「この人なら大丈夫だ」という候補者を早めに擁立することが大事です。今回の大阪市長選挙、北野妙子候補者は悪い候補ではなかったと思いますが、せめて1年前に決まっていたら……。

遅すぎた反維新側の立候補表明

――確かに北野候補、都構想の住民投票の時には反対の旗を振っていて、知名度はそこそこあった。でも立候補表明が遅いよね、2月9日、選挙の2ヵ月前。

冨田　それに加えて、大阪市は有権者が220万人を超える巨大都市ですよ、テレビに出続けてる吉村、松井は知っていても「北野って誰？」でしょ。まして知事選挙は一本化できなかったでしょ。

――弱い方の反維新、カジノ反対の側が割れてどないすんねん、という感じでした。維新の方が割れてくれたらいい勝負やけど。

冨田　1対1の構図にしなければ希望は見えてこない。それぞれの党派の事情はわかります。共産党の中には、自民党と一緒に戦うのはイヤだ、逆に自民党の中にも共産党とは組めない、と。だって自民党内部では自分たちが擁立した谷口真由美ですら、「リベラル過ぎる」と謀反が起きていたでしょ。

――谷口はＴＢＳの『サンデーモーニング』で、安倍政治や岸田政権の軍拡路線を批判していましたからね。

冨田　実際に知事選挙の出口調査の結果を見ると、自民党支持層も公明党支持層も6割方が吉村に入れてるわけです。だから簡単に一本化と言っても難しい面はある。だからこそ早め早めに選挙準備をするべきだった。4年前の選挙、3年前の住民投票の時から同じことを指摘してるわけですよ、絶対に1対1の構図にすべきだと。

――そう、解散総選挙はいつあるかわかりませんが、統一地方選挙は4年前から日程が決まってるんですからね。

冨田　そこが辛いところ。希望が持てるのは次の、23年6月の堺市長選挙。反維新、カジノ反対で出馬する野村友昭は、前回は直前になって決意して出たけれど、僅差で負けてから4年間ずっと準備をして、市民の側も「次こそ野村さんで勝つんだ」と満を持しています。

――『路上のラジオ』にも出演してもらいました。

冨田 カジノ反対、維新政治を止める、という希望をつなげていくのならば、大阪市も、たとえば次も北野妙子でいくのなら、次の4年間かけて勝たせるための仕掛けが必要になってくる。

実は、ほとんど増えていない維新の得票数

――負けたこの瞬間からね。ここで少し「維新の強さ」を振り返ります。大阪全体で維新は府議会議員、市会議員を240名以上抱えています。東大阪や豊中、吹田、枚方など全部合わせてね。

冨田 今回でもっと増えたよ。

――はい。250名ほどになった維新の地方議員がいる。この一人ひとりが、たとえば5~6千人の支持者名簿を持っています。だからこれら地方議員が「今回は吉村、横山を頼む」と言えば、どんなに投票率が下がっても大阪府全体で140万票になる。だから今回の選挙では「カジノのカの字も言わなかった」んです。街頭宣伝に出てこなかった。公開討論会も欠席。それでも勝てるわけですね。

冨田 彼らは自分たちがそれだけの組織を持っていると自覚しているから、「もぐる」んです。

──もぐる。街に出てこない。

冨田　表に出て盛り上げてしまったら、投票率が上がっちゃう。

──無党派が選挙に行ってしまう。

冨田　盛り上げないように、必死で押さえ込んで、自分たちの名簿を確実に固めた。

──でもきっちり30%の絶対得票を出してくるって、すごいなー。

冨田　大阪市と堺市の市議会議員選挙を調べてみました。大阪市北区、前回の維新票は2万9千票ほどで、今回は3万票強。増えてるけどわずか千票余り。たとえば此花区……。

──カジノ、夢洲の地元。

冨田　約1万3千票から1万2千票弱に、1500票近く減らしている。大正区は約1万2500票から1万1500票。やはり千票ほどの減。24区中8区で減らして15区で増やしている（住吉区が無投票）。

──「維新圧勝」と報道されてるけど、得票数ではそれほど勝ってるわけではない。

冨田　大阪市会選挙では、前回が約49万9千票で今回が約52万票。つまり2万票ちょっと増えただけで、議席は7つも増やして過半数をとった。

――議員定数を減らして小選挙区制に近づけているから、こんな結果になるのですか？

冨田　それもあるし、投票率が下がったので、反維新がその分を減らしています。同じ50万票でも意味が違ってくる。

――自民、立民、共産などがガクンと落としたわけですね。

冨田　それに加えて維新が候補者をたくさん出馬させた。でも得票は増えてません。候補者の間でうまく割っただけ。たとえば定数5の選挙区に3人立てたけど、3人目が票を増やしたわけではない。上手に票割りをして滑り込ませただけ。

――淀川区で開催された維新のタウンミーティングに出席しました。ここも定数5で3人立てた。「すごい強気やなー」と思ったけど上手に全員通してます。たとえば港区は定数2で2人立てた。「お前ら、反維新をなめとんのか！　共倒れしろ」（苦笑）と思ったけど、共倒れどころか、下手したら議席を独占される可能性まであった。

冨田　候補者を1人から2人にしたから得票も倍増したというわけではない。繰り返すけど少しだけ伸ばしたけど、上手に割っただけ。

――逆に言えば、自民、立民、共産、社民などが減らさなければ共倒れに追い込めて、「維新激減」もあった。

冨田　何と言っても投票率を上げることができなかったから。上がれば、固定票の威力が減ります。維新の絶対得票率が30％なので、投票率が50％を切ってしまえば、得票率は60％になります。圧勝しますよ。

――次に大阪府議会について。維新は定数88で48議席だった。今回は定数79で55議席になった。逆に共産は2から1、立民も1に減った。次も組織戦になれば、完敗ですよね。

冨田　同じような選挙をするでしょう。維新は戸別訪問と電話だけ。街頭に出て政策の議論はしない。だから投票率を引き上げるための何らかの策がなければ勝てない選挙が続くでしょう。

維新を疑いだした人たちを、どうすくい取っていくか

――素人考えですが、今回は「カジノの是非」があったでしょ？　前回は維新に入れた人でも「カジノは嫌だ」という人も多かった。「カジノに賛成か反対か」を前面に押し出せば投票率は上がるやろ、と思っていた。でもそんな単純なものではなかった。

冨田　維新をガチで支持している人々はカジノそのものにも賛成してます。その上で吉村や松井がカ

ジノと経済成長を結びつけて語るので、自民党支持層のビジネスパーソンも「ええやないか」と感じた人もいたでしょう。「カジノで成長」は幻想なのですが、これに飛びつく人、期待する人の数のほうが多いわけです。だから今回の吉村の得票は244万票。前回は227万票なので17万票くらい増やしてるんです。

――横山ノックを超えたんです。史上最高得票なのかな？

冨田　絶対得票率でも前回31・41％から33・93％に増やしている。維新支持層は全部入れたと思うけど、加えて出口調査によれば自民党支持層の6割、公明党支持層の6割が吉村に入れたから、この数字になった。一方で「たとえ経済成長したとしてもカジノはアカン」と考えている人を投票所まで連れていくことができなかった。カジノは選挙の争点にはなったんだけど、反カジノを票にはできなかった。

――「吉村さんはコロナで頑張ってる」という言説も。実際は大阪はコロナで一番たくさん亡くなったんやで、と街頭で事実を訴えても、何となくのイメージがこびりついていた。でも実際に大阪がワーストだったんですから「あれ、吉村さんもおかしいな」と疑い出した人も増えているはずなんです。

冨田　そんな疑い出した人々をどうやってすくい取っていけるか。維新にうさん臭いものを感じ始めた人たちが増えた。だから「どうせまた維新やろ」とつぶやいた。「どうせまた維新やろ」と感じた人々は、もう維新が嫌なんです。でも投票には行かない。この現象をどうすれば覆せるか、ということです。

――そうした人々にとっては、反維新の候補が「代わりになりそうな人」に見えなかった。つまりまだ魅力が足らないということですね。

冨田　はい。魅力を打ち出すことができていない。それとカジノですが、維新は「もう決まったことだ」というスタンスだったでしょ？

――まだ国の認可は降りてませんでしたからね。

冨田　まだ認可されていないから知事や市長、特に大阪市長が変わればカジノは止められる。このことがどれくらい有権者に浸透していたか？　何となくメディアも含めて、大阪にカジノができる、という雰囲気が作られていたわけでね。

――本日は4月12日ですが、今日、認可されることが決まったんですよ。国は選挙結果を待っていた。結果が出てからすぐに動いたんですよね。「選挙で止められる」と何度も何度も訴えていたのですが。

冨田　「もう過去のことだ」みたいな雰囲気を維新が醸し出していました。カジノとは言わずにＩＲと言い続けてました。反維新が勝つためには「カジノは止められないんだろ」というあきらめを払拭しなければいけない。「どうせまた維新やろ」と棄権する人たちに対して「自分たちが行けば変わるんだ」という希望を、どうしたら持ってもらえるのか？　ここが問われなければいけない。

絶望せずに、市民運動を盛り上げていこう

――参考になるのが東京と大阪の違い。参議院選挙で東京は定数6で、なおかつ維新が弱い。山添拓（共産）、山本太郎（れいわ）、蓮舫（立民）が勝てそうだ、となって実際に有権者が選挙に行ってくれて投票率が56％（全国3位）に上がって3人とも当選した。大阪と兵庫は定数4で維新が2を取る中で、ずっと立民と共産がバラバラに出して共倒れしてきた。有権者も「今度もアカンやろ」と選挙に行かなくなって投票率は50％そこそこ。大阪には「負けグセ」が付いてる？

冨田　「負けグセ」というより、この事実をどれだけ反省するか、だと思います。お互いに。いや、立民と共産だけではなく、自民も。

――自民もかなり減らしましたからね、大阪は。岸田内閣が軍事費を急増させたり、原発を再稼働させたり、ひどいじゃないですか。だから自民の批判票が維新に行ったという側面もあるのでは？

冨田　むしろ、棄権に回っているんです。維新は判で押したような票を出す。維新は24のうち15の行政区で1～2千票くらい増やしてますが微々たるもの。一部は自民党から流れてるとは思いますが、市会選挙でのかつての自民票はほとんどが棄権したのでしょう。

――軍事費倍増、消費税の増税、原発新増設などの悪政を批判する票は、本当なら共産、れいわ、社民、そして立民の一部議員に来ないといけません。ところがあまりにも小さな勢力なので通りそうもない。行き場を失った票がさまよっているという感じですか？

冨田　だから棄権するんです。「維新政治を止めよう！」と、こぞって投票に行く。そんな状況を作らないとダメ。

――これ権力者の側から見れば、維新はアベスガ政治に近かったので、まあ与党のようなもの。維新が増えたらシメシメではないですか？

冨田　中央、永田町から見ればね。でも大阪の自民党は壊滅寸前。今後どうするんでしょう、大阪の自民党。

――2025年に万博があるでしょ、大手メディアと吉本興業が万博推進なので、おそらく維新の失政を隠して、今までどおり吉村、横山を出演させると思うんです。万博が終わるまで2年間、維新を持ち上げる報道が続けば、反維新側にさらなるダメージが。

冨田　もともと在阪マスコミは維新の側にいますからね。

——東京オリンピックがいい例で、オリンピックが終わるまでまったく負の側面を報道しなかった。

冨田　終わってから騒ぎ始めましたね。万博も終了したら、いろんな不正やスキャンダルが出てくると思います。もうとっくの昔にカジノを巡っては、業者が出すと言ってた「公金」の投入や賃貸料の談合疑惑などが出てますけどね。万博に関しては、終わるまでは口をつぐんだままだろうなあ。

——万博で大赤字、カジノでさらなる「公金」投入。大阪は破産してしまいそうです。

冨田　一番怖いのはこの選挙で大阪市長、大阪府知事、大阪府議会、大阪市会を全部維新が取っちゃった。もう議論する余地がなくなるわけ。まさに独裁になりますね。

——本来は「二元代表制」なので、首長が暴走しても議会が止めることができた。しかし今後は無理。

冨田　少なくとも今までは大阪市会が防波堤になっていた。ここでも維新が過半数を占めたので、これからの4年間はブレーキなしの政治に。つまりものすごい大量得票で大勝利を収めたわけではないのに、政治的には非常に大きな勝利になった、維新にとってね。

——この状況に絶望せずに、市民運動を盛り上げながら世論で取り囲むしかない。

冨田　そうです。今後4年間はしんどいけど、一つひとついろんな問題を取り上げて、市民の力で追及を続ける以外にないのです。

——カジノは国が認可したけれど、まだまだ止めるチャンスがあると思います。

冨田　はい。それにいろんな疑惑がある。知事や市長が身動き取れないように追い詰めることは可能ですよ。

——賃料の談合疑惑で訴訟も始まるようですし、世論を盛り上げていけば。

冨田　790億円の「公金」も、実際に地盤改良工事を始めたら何千億円にも膨らんでいく可能性があります。そんな事態になれば市民もだんだんわかってくるはず。議会がこれにストップをかけることはできないにしても、当初「税金入れない」と言ってたのに、3千億円、4千億円となってくれば、これを市民の力で問題にしていくことはできるはず。なので努力を惜しまず、抵抗していくことですよ。

次の選挙までに、いかにチャンスの芽を育てるか

――その意味でも2ヵ月後、6月4日投開票の堺市長選挙が気になります。4年前は維新の永藤英機候補と無所属の野村友昭候補がデッドヒート。僅差で維新が勝利しました。

冨田　永藤13万7千票、野村12万3千票と大接戦でしたね。

――選挙前の世論調査では維新がダブルスコアで圧勝する勢いだったそうです。都構想に反対し、維新を批判していた竹山修身前市長が「政治とカネ」問題で失脚し辞職。維新に強烈な追い風が吹いていた。しかも前回破れたとはいえ、一定の知名度がある永藤候補が再出馬。対する野村候補は市議会議員でしたが、堺市全体では知名度不足で準備不足。ところが蓋を開けてみれば野村候補が猛追した。

冨田　あと1週間、選挙期間があれば追い抜いていた、とも言われてましたね。それで参考になるのが今回の堺市議会議員選挙です。維新は堺区、東区、北区で得票を増やしていますが、中区、西区、南区で減らしている。全体では4年前の12万3千票から12万2千票へと、千票以上を減らしています（美原区は今回無投票なので除く）。

――維新が得票を減らしてる？　珍しい現象ですね。

冨田　議席数も伸びなかった。堺市では維新の限界が見えています。そして野村候補は4年間準備してきた。つまり堺市が今の大阪の希望なのです。もし野村候補が勝てば、議会も反維新が多数なので、堺市が防波堤になって大阪維新の暴走を止めることができます。

――大阪市長に出た北野候補は自民党を辞めて無所属で出馬。4年前の野村候補も自民党を辞めて無所属で出馬。つまり北野候補は今回の敗戦であきらめるのではなく、4年間路地裏を回って「カジノ反対」「都構想やめろ」と訴えれば、そして私たちが支えていけば、チャンスの芽が生まれてくる。

冨田　はい。北野候補に「その気」になってもらうためにも堺市で勝たないとダメです。

――どちらも政令指定都市で巨大なので準備が必要。もし大阪都構想の住民投票、3回目が強行されて大阪市が特別区に分割されると、堺市や東大阪市、豊中市、吹田市などは「地続き」なので、住民投票をしなくても、「堺区」「東大阪区」「豊中区」になってしまう。堺市で反維新が勝てば、この事態は防ぐことができるわけですね。

冨田　「今後どうする？」と嘆くヒマもなく堺市長選挙が始まるわけで、カジノや都構想に反対する大阪府民は堺市民を応援して勝たせなければならない。そうなれば希望が見えてくる。

万博とカジノの問題が噴出する、これからの4年

――それと今後のカジノ。汚職や夢洲の地盤沈下、血税投入などのいろんな問題が出てきます。万博にも「黒いウワサ」が出てきています。

冨田 東京五輪も終わってからいろんな犯罪が噴出しましたよね。

――大阪万博は開催前、今から出てるんです。パビリオンの選定で「口利き」があったとか、なかったとか。入札も上手くいってません。

冨田 いろんなほころびが出てきます。維新は「万博とカジノで大阪を元気にする」と言ってますが、まず万博は大失敗するでしょう。

――うまくいきませんよ、大赤字になる。

冨田 夢洲という場所がどういうところかも明らかになる。税金がズブズブ投入されることも大問題になってくるだろうし、この4年間でいろんなことが明らかになってきます。維新のダメダメぶりが明らかになった時に、たとえば北野候補か、その後継者がいて、その人を推す超党派の市民が声を上げていける態勢を作り上げていけるかどうか?

――堺市は4年間頑張ってきたわけです。「千人委員会」という市民の集まりを作って、次こそ野村さんを市長にしよう、と募金も集めて。

冨田　過去に竹山前市長を押し上げた時からね。

――竹山さんはいろいろありましたけどね（苦笑）。

冨田　「維新との戦いは堺に学べ」と言ってきました。展望が見えてきましたね。

――東京五輪が見事にコケて、大赤字だったでしょ。ただ五輪はテレビの放映権料が入る。万博はそれもないから入場料収入だけ。五輪以上の赤字になった時に誰が責任を取るのか？

冨田　そう、責任問題にできるかどうか、ですよね。市民の怒りの世論になるか、曖昧にされてしまうのか。

――「どうせまた維新やろ」とあきらめるのではなく、維新がこんなひどいことをしてるぞ、これは止めるべきだ、と声をあげるべきなんですよね。

冨田　あきらめたらあきません。「どうせまた維新やろ」ではなく、そのために何ができるか？　万博がどうなっていくのか、カジノは？と、積極的に情報発信をして維新を追い詰めていかなきゃいけない。

――そう考えて、「路上のラジオ」主催で大阪市長選挙の公開討論会を企画したんです。でも横山候補は欠席。ハナから参加するつもりはなかったんやろな、と思います。下手に出席してカジノのことを聞かれてほころびを見せるより、無視したほうがいい。つまり「ずっと逃げまくっていた候補」が勝ってしまうということに、個人的にはメチャクチャ腹が立っているんです（苦笑）。

冨田　出てこない。でも勝てると計算できるのは、さっきから言ってるように絶対得票率3割というしっかり整備された組織票があるから。確実な名簿があるから、ノコノコと討論会なんかに出ませんよ。攻撃されるようなところに（笑）。

――維新にとってはアウェーやからね。

冨田　テレビの討論はさすがに出ます。知事選挙では何度かありました。仕方なく吉村候補が出て、カジノについて聞かれてましたね。彼らは議論したくないんですよ。

――淀川区で開催された維新のタウンミーティングに参加したんです。テレビ討論会の直後だったので、吉村が支持者の前で怒ってましたよ。「IRで、あいつら（辰巳、谷口候補）一方的な決めつけしやがって」と。だいぶこたえてたんですよ、ギャンブル依存症や夢洲地盤のことを聞かれたので。

冨田　今までテレビは吉村側にいたので、さすがに出演を断るわけにはいかなかったのでしょう。でも出るとどういうことになるか、彼らはわかってるんです。

――「ギャンブル依存症対策をする」と吉村が言えば、辰巳が「じゃあ作らなければいい」（笑）。これほどわかりやすい理屈はない。

本当の民主主義は、多数決ではなく熟議

冨田　維新は議論すること、熟議することを、そもそも否定するんです。なぜか？　それは市民を分断して、維新を支持する市民に支えられて勝ってきたから。お互いに議論をすることができなくなる状態が分断ですから。

――トランプ前大統領と似てますね。

冨田　はい、まさにアメリカで起こっていることと似ているんです。分断を支えにすれば、議論することが必要なくなる。議論して落とし所を探っていくという作業は、基本的に否定される。価値のないことになる。「多数決は究極の民主主義だ」と言ってたでしょ。

――トオルちゃんがね。

冨田　でも本当の民主主義は熟議なんですよ。面白いのは読売新聞が選挙直後に私にインタビューしてきてね、その記者も心配してました。「民主主義は熟議のはず。でもその熟議が大阪から消えるのではないか、市長、知事、議会すべてが維新になったので。これは大阪にとってマイナスですよね」と。かねてからの私の主張に読売新聞の記者が共感してくれました。

――読売新聞の本体は維新と、つまり大阪府と包括協定を結んで万博、カジノ推進です。読売テレビも『たかじんの何とか委員会』などで、ずっと応援団なのですが、心ある記者もいるわけですね。

冨田　心ある記者と私の一致点が、「民主主義の本質は熟議」だったんです。

――まして首長は1人でしょ、反対意見、少数意見も含めて自治体がある。そこでは必ず話し合う必要がある。

冨田　そして議会は熟議のためにあるわけです。

――安倍元首相も街頭宣伝で「こんな人たちに負けるわけにはいかない」と絶叫してました。この10年ほど日本ではアベスガ政権という劣化した政治が続いてしまった。究極の劣化が維新政治だと言えますね。

冨田　トランプと一緒。起訴されても支持率が上がっちゃうんだから（苦笑）。

――スキャンダルを逆手にとって（笑）。

自民党が劣化した地域に維新ははびこる

冨田　大阪はその世界に紙一重の状況。この状況を何とかして止める希望は堺市にある。

――はい。堺市とは逆に、奈良県の知事選挙。自民分裂の漁夫の利で、なんと維新が勝ってしまった。

冨田　自民党の自滅。高市早苗の自滅ですよ。

――そりゃイメージ悪いですよね、「捏造です」「質問しないでください」（笑）。国会でトンデモ答弁を連発。アベの尻馬に乗って放送局に圧力かけてたことがバレバレ。かといって、維新が勝ってしまうというのも。大手新聞の論調は「これで維新は全国政党への足がかりをつかんだ」となっています。政治的には大勝利した、と見るべきなんでしょうか？

冨田　道府県議選で言うと、67から124へ倍増させています。だけど増えたのが北海道で1、栃木で1、群馬で1とか。

——東日本は健全（笑）。

冨田　西日本でも香川で1、愛媛で1。

——田舎は健全（笑）。

冨田　そう。自民党がしっかりしてる地域は増やせていない。一方、神奈川が0から6、京都が2から9、兵庫が4から21、奈良が4から14、福岡が0から3。増えてるのは関西の都市部で、全国区になったわけでもない。これもメディアの印象操作でしょうね。政令指定都市の市議は73が136に。横浜は0から8、川崎も0から7、神戸が10から15、京都が4から10。つまり京阪神と神奈川の現象なんです。

——横浜は「カジノ反対市長」が当選しましたよね。それでも大都会では「維新的なもの＝新自由主義」が一定受け入れられている。

冨田　それに加えて都会では自民党が崩壊しつつある。つまり自民党の劣化が進むと、そこに維新が入ってくる。

——新自由主義。いわゆる「勝ち組」が住んでいて、クビにならない公務員はリストラしろ、働かない生活保護受給者は切り捨てろ。「人工透析患者は今すぐ殺せ」と叫んだヤツもいましたね。

冨田　そんな新自由主義者が一定数いるのと、自民党自身の劣化。たとえば京都の舞鶴市で維新が勝ったでしょ。舞鶴は多選批判ですよ、保守派のドンがずっと市長を続けていた。

――奈良県もそうでした。官僚出身の荒井正吾知事がずっと現職で。

冨田　自民党の劣化した体質がその地方でずっと続いてしまうと、そこに維新が割って入ってくる。

――本来なら自民党が劣化したことによる批判票は、立憲民主、共産、社民、れいわなど、反戦平和、格差是正、消費税減税、原発ゼロなどを訴える立憲野党に行かないとダメ。やはり野党もだらしないということでしょうか？

冨田　それもそうだし、元々の保守層は革新リベラルに入れるより、保守の維新を選んだんだと思います。保守の受け皿を維新が担ってしまう。奈良県は完全にそうでしょ。兵庫県も実質的には自民の分裂で維新系の知事に。自民の内輪もめで、維新や維新系の勢力が伸びてしまう。基本的には保守の中で弱肉強食の新自由主義的な保守が伸びるのか、社会保守と言ってますが寛容な、生活の底上げ、地域の多様性を大事にする伝統的な保守が伸びるのか。実際にはそのどちらもが劣化をする中で、統一が取れなくなり内紛が起きる。その間隙を維新が突いてくる。

市民と立憲野党の共闘こそ、これからの希望

――岸田首相はハト派と言われる宏池会ですが、自民党のタカ派的な軍備増強路線を推進しています。つまり自民党の中で右翼が跋扈《ばっこ》して「左バネ」が効いていない。

冨田 たとえば20年横浜市長選挙は現職の林市長がカジノ推進、スガ首相（当時）は国家公安委員長だった小此木八郎を担いで分裂し、野党候補が勝ったでしょ。今回、神奈川県でなぜ維新が伸びたか？　それは自民党の劣化と内紛なんです。

――あの時は「ハマのドン」、藤木幸夫さんが勝った。もうすぐ映画にもなりますが。もう一つの要因として、今の立憲民主党。泉健太代表がダメダメで、自民党と対決せず、旧民主党時代の野田佳彦や岡田克也など「もう終わった政治家」たちが臆面もなく出てくるでしょ。あのメンバーでは自民の批判票はすくい取れません。

冨田 大阪も同じことが言えて、立民はリベラルの受け皿になれていない。

――自称労働組合（苦笑）の「連合」芳野友子会長が自民党と会食したり、国葬に出たり。自民もグチャグチャ、立民もグチャグチャ。これで解散総選挙になれば立民は消滅するのではないか。困った事態になってますが、再度、市民と立憲野党が共闘するしかない。そして政権交代を目指す、希望の

持てる選挙にしないとダメですね。

冨田　はい、大阪は特殊事情がありますが、全国的には総選挙で「市民と野党の再構築」を行わないといけません。

――あきらめず、粘り強く。

冨田　今回吹田市の府議会議員選挙で、共産党の石川たえ候補が勝ちました。

――大阪では唯一の共産党の議席です、野党共闘候補としてね。高槻市でも立民の野々上愛候補が野党共闘で勝利。悪いニュースばかりでもありませんでした。

冨田　市民と野党の共闘を成功させて、力を尽くせば希望が見えてくるということです。

――はい、よくわかりました。この夏にも総選挙があるかもしれません。各地域でもう一度野党共闘を。今日はありがとうございました。

冨田　ありがとうございました。

PART.3

なんぼでも言うで。維新は断罪や

【対談】
日本城タクシー社長
坂本 篤紀

※この対談は2023年3月19日に行われました。

従業員は経費やなくて資産

——本日のテーマはズバリ「維新断罪」です。

坂本篤紀　ええテーマやねー（笑）。

——このテーマで本を書かれて、出版したばかりですね。

坂本　維新の支持者に「維新万歳」を出したから買うてくれ、言うたら「万歳と違って断罪やんか」って怒っとったな（笑）。

——坂本社長といえばテレビの生放送で「あの橋下トオルちゃんとバトルをした」ということで有名ですが、確かＴＢＳの生放送？

坂本　そう、『報道１９３０』という番組。

——地上波ではなくＢＳでしたね。

坂本　あの番組、視聴率高いんやね。ＢＳ舐めたらアカンな、反響大きかったわ。

——３年ほど前でしたか？

坂本　コロナ真っ盛りの頃やね。20年の2月と3月の終わりやったかな？

――2回もやり合った？

坂本　橋下君、2連敗しとったな（笑）。

――横浜港にダイヤモンド・プリンセス号がやってきて、大騒ぎになってた時期。「マスクがないぞ！」と薬局に行列ができてね。なぜその頃にテレビに呼ばれたんですか？

坂本　貸切バスやってたから。

――観光業は大打撃、キャンセルばかりで。

坂本　仕事がなくなってヒィヒィ言ってる時に、バスを売り飛ばして従業員に給料払ってね、それが何かに取り上げられて、呼んでもらった。その頃、会社は火の車でね。

――そこがすごいな。普通は従業員をクビにするやないですか、給料を払うために観光バスを売るって。

坂本　俺の方が普通やと思うけどな。世間の感覚の方がおかしいのと違う？　資産って、経費って何？　最近は人を経費やと思って、簡単に切るやろ。

――委託が当たり前になっているから、人件費じゃなくて物件費という感覚。

坂本　従業員（人件費）は資産やと思うから、危なくなったら守るやんか。バスは経費やから、また買えばいい。運転手さん育てようと思ったら年収400万円で、5年かかれば2千万円要るわけよ。

――人材という言葉があるように、人は育てつつ、働いてもらわないといけませんからね。

坂本　バスは置いとくだけで、（車両）保険かかる、車庫代かかる、何かかる、と。バスはリスク。ほな、リスクから切っていくやん。それでさっさとバスを売ったら、「ええ話やん」みたいに。人を守るのが当たり前や。

――あちこちでリストラしてた頃やったからね。自殺も引きこもりも増えた。そりゃ「ええ話」に聞こえます。で、テレビに？

坂本　はい。本番ではあからさまに「借金がいくらで」「従業員は何人で」とフリップに書かれたけど（苦笑）、1回目に呼ばれた時にコロナについて聞かれた。「ＰＣＲ検査をするな」とか橋下が言うてたやん。一度言うたもんやから、その後ずっと言い訳してた。

それでちょっと揶揄したろ、と思って「検査、ちゃんとやったらええやんか。検査して陰性の者で経済を回したらええ。何や知らんけど、自粛せぇ、ばかり言うて」。そしたら橋下が言うわけ、口尖らせて（笑）。「全員に検査するなんて、強制できない。今の法律ではできないんですよ」と。

——でも韓国や台湾ではやってたよ。

坂本　どこでもやってることや。

——橋下はいつも論点をずらしてくるからね。

坂本　そう、今は高市（早苗）が「（文書は）捏造や」言うて、辞める辞めへんって。この前「橋下さんがぶった斬る」って番組があって、そこで何を言うてたか。「こんなことでは総理にはなれません」（笑）。大臣の資質がないって、そんなこと聞いてへんがな（笑）。

——高市が総務大臣の時にテレビ局を脅かした。その結果テレビが自粛し、安倍政権批判をしなくなった。その経過を書いた内部文書がね。

坂本　そう、文書が捏造なのかどうか、権力がメディアを脅迫したのかどうか、が問題の本質やのに、ちょっとずつ論点をずらしていきよんねん。

ヘイトスピーチは許さへん！

——生放送の話に戻しますが、最初は「報道1930」に出て、トオルちゃんとＰＣＲ検査で言い合い、ガチンコになった。

坂本　グチュグチュ言いよるねん（笑）。同席してた立憲民主党の若い子に、いろいろと説教してたわ。「法律がないんですよ」って一生懸命ね。

――橋下は、「すべて勝ち負けや」って思ってるからね。

坂本　やってることが姑息や。

――1回目はPCR検査でした。2回目は？

坂本　楽しみにしてた。橋下がまた出る、いうから。そしたら前日にテレビ局のスタッフから電話がかかってきて、「坂本さんは公人ですね？　橋下さんが言ってました」。名誉毀損で訴えたろかっていう脅かしやね。「橋下に伝えといてくれ、安倍昭恵は公人か？　俺が公人であるはずがないやろ」って答えておいた。

――「安倍昭恵は私人である」という閣議決定（笑）もあるしね。単なるタクシー会社の社長やん。

坂本　タクシー屋のおっさんつかまえてね。

――ビビるかな、と思ったんやろね。

坂本　翌朝、本番の朝にも電話がかかってきて、「『坂本さんはテレビにも出て有名だし、相手も大きいから全力でいきますよ』って橋下さんが言ってました」。わざわざ、こんな電話してくる。

――で、2回目を迎えた。

坂本　全力できてあの程度のもんか、と（笑）。

――私もトオルちゃんから「裁判するぞ」と訴えられかけたことがあります。彼、そうやって脅かすんやね。

坂本　テレビ朝日「ビートたけしのTVタックル」にチョロチョロ出してもらってた時に「橋下さん、呼んで」と頼んだことがあった。彼が断ってきた理由は「録画では勝手な編集をされてしまう。だから生放送しか出ない」と言ったらしい。生放送で相手が考えてもいないことをぶつけてビビらす、というセコイ作戦が使えないから。要するに小ちゃいねん。でもそれで嫌いになったんやない。決定的な理由がある。

――それは何ですか？

坂本　ヘイトスピーチたけなわやった頃に、桜井誠を市役所に呼んだやろ。朝鮮学校の前で「出てこい」とか「ぶっ殺すぞ」とか言ってた、あの桜井を。

——在特会（在日特権を許さない市民の会）の桜井誠。

坂本　朝鮮学校の子どもたちの前でぶっ殺すぞ、と叫んでた人物やで。公式の場に呼べば、その目的がどうであれ、ヘイトスピーチになるのは目に見えている。たまたま桜井が賢くないから、プロレスのバトルみたいなやりとりで終わったけど、ちょっと賢いヤツやったら、たくさんのマスコミの前でヘイトスピーチされてるとこやった。あの時橋下は市長やったやろ？

——はい2014年なので、知事から市長へ鞍替えしてた時期。

坂本　市長やったら、本来呼ぶべきは朝鮮学校の子どもたちのはずや。「おっちゃんが守ったる」とか、「帰れ！言われて怖かったやろ？　家帰るまでおっちゃんが送ったる」とか。

——行政の長としてね。

坂本　小学校を守らんといて、在特会に好きなことを喋らせようとした。あれから大嫌いやねん。

——対談するなり、桜井が「おい、あんた」。橋下が「うるせえな、お前」。もう子どものけんか状態。

坂本　賢くないからああなったけど、賢かったら堂々とヘイトを垂れ流されてるところやで。それで誰か幸せな気持ちになるんか？

――ヘイトスピーチは市民を分断して、弱いものをいじめるわけでしょ。絶対に許してはダメなこと。

坂本　あの時、ありとあらゆるマスコミが来てたんと違うかな。そんな前で橋下はヘイトをさせるとこやった。姑息なヤツやなーって思ったよ。案の定そういうヤツやった。

――敵を作って、相手を叩いて自分の人気を上げる。公務員とか生活保護受給者とか。

坂本　ナチス的なやり方やね。間違った高揚感を与えて、もう大嫌いやねん。

――それで坂本さんは、自分たちのタクシーに「ヘイトスピーチ、許さない」というステッカーを貼って走ってるんですね。

坂本　２０１５年くらいから貼ってる。何度かモデルチェンジしているけど、基本は法務局の柄のパクリや。

――たまに街でタクシーを見ます。

坂本　そっちの方が気持ちええやろ、ヘイトスピーチしてるより。

カジノを作らんことが一番の依存症対策

――橋下の弟子というべき吉村知事がコロナ対策で「ヒーローや」と崇め奉られてた時、坂本さんは「吉村は万博のロゴの入ったTシャツ着てるやないか」と突っ込んでましたね。

坂本 Tシャツだけやない、ポロシャツ、ジャンパー、コート。しかもメーカーのミズノマーク付き。お前友だちか、ミズノと。

――あのロゴ、カエルの卵みたいで気持ち悪いんやけど。

坂本 ミャクミャクとか言うんやろ。肉屋の切り損ないみたいな（笑）。

――おばあちゃん、大丈夫かーって言いながら、気遣う吉村の胸にあのロゴが。

坂本 あれな、手術を待たしとったんや。病院がひっ迫してたから。「おばあちゃん、手術待っててなー」と言いながら、25年の万博の話をしてる。だいぶ、賢いな（笑）と思って。維新の変な理屈って決まってるねん、カジノでもそうやろ。「パチンコ屋はどうなるねん」って。

――よく言ってますよ。テレビ討論会なんかでも。

坂本 すぐパチンコを引き合いに出すねん。で、「あいつら北朝鮮に援助してる」とかヘイトも入れて。ところが実際はパチンコは衰退産業や。

――結構つぶれてますよ。駅前の老舗パチンコ店など。パチンコ人口も減ってるようですね。

坂本　競馬、競輪もね。

――それだけ余裕がなくなってる。

坂本　賭ける金がないし、パチンコは規制のかたまり。ちょっと規制をきつくしたらすぐになくなる。初めからなくしといたらええねん。

――ギャンブル依存症対策をやるって言うてるけど、「ほな、最初からカジノ作るな」。

坂本　そう、パチンコがせっかく半分に減ってるんや、また新しいギャンブル場作るって、頭おかしいやろ。

――さっきの話と似てますね。「おばあちゃん、手術待っててや」と言いながら、万博にどれだけ税金突っ込むねん。その金があるんやったら、おばあちゃんにちゃんと手当ができるやろ。

坂本　単なる祭りにどれだけ金使うねん、ということ。

——今、コロナと物価高で苦しんでいる人がいるのに。

坂本　まだ先の物（万博）ぶら下げといて、「手術、待って」って。あんまり賢くないな。

——そんなふうにテレビでズバッと言うてくれるからこっちはスカッとするけど、橋下にとっては、一緒になりたくないいんやろな。

坂本　「感染者が大阪に広がっていますが？」という質問が出てね。「何もせぇへんからや。テレビばっかり出て、太陽の塔や通天閣の色変えて。そんなもん対策と違うがな。テレビCMでやっとけ、そんなもん」って答えたら、グチュグチュ言うてたわ（笑）。不利になるとグチュグチュ言うだけ。口とんがらかすから面白うてしゃーない（笑）。

——大阪の公立病院の医師や看護師を削ってた、橋下と吉村が。だから大阪がコロナ死者数8千人を超えてワースト。

坂本　その上にお友だちの病院ばかり甘やかして。これ、テレビで言うたらどこかわかってまうから言わへんかったけど。

金儲けにならんことを担うのが公共

――公立が嫌い。高校もつぶすし。民間が好き。

坂本　民営化は「お友だち資本主義」の見本やから。本来、公立の学校や病院がなんで利益が上がる？　「儲からへんから損や」言うてるけど、府民相手に金儲けしたらアカンやんか。たとえば、八尾市や松原市はゴミの焼却場、持ってないんやで。大阪市で焼いて、俺らが灰かぶって、「松原市はお金が節約できた」って言うねんや。そりゃ大阪府民は吉村に入れるわな。大阪市の財布に手を突っ込みますよ、という運動やから。

――夢洲にゴミを捨てる場所があるのに、カジノやって埋め立てる場所がなくなるから、また新しく島を作る。

坂本　また金がかかる。学校もそう、大阪市の市立高校、1500億円分くらいの土地を、府に渡して、大阪市立大学の医学部も府に献上する。

――市立高校が移管されて府立になると、教育基本条例が適用されて3年連続定員割れをすれば、廃校になる。そうすればその土地はマンションに。

坂本　東商業高校の跡地なんか、事件を起こしたあのプレサンスコーポレーションやで。それとスーパーのライフができるわけや。誰が幸せになるねん。松原市なんか市民病院をつぶすねん。そこにショッピングセンターを作る。すると、それに負けへんショッピングセンターがまた別にできる。こんな繰り返しで昔からの商店街はアウトや。誰も幸せにならへん、一つくらい病院残してもええやん。

——公立の病院、学校は必要やのに。

坂本 松原市で言うと、保健所がない、斎場もない、他市で焼いてるねん。「これで金かからへん」ってホンマか？　違う市長が出てきて、お前とこは焼かせへん、言われたらどうするの？　要るもんやろ、金かけな。

——橋下が「公務員は要らんねん」とバッサリ削ったでしょ。市役所窓口に人が足らなくなって、今やみんなパソナ。

坂本 それが「お友だち資本主義」や。

——パソナ、竹中平蔵のところが受注して丸儲け。

坂本 そこを公表せなアカンよね。パソナにいくら払ってるのか。最低賃金の派遣より、じかに雇ってもらえば労働者もええわな。彼らは「小さな政府」って言うてるねん、でも全労働者に占める公務員の割合って、ＯＥＣＤ諸国の中でぶっちぎりの最下位やで。

――日本は欧米よりも公務員が圧倒的に少ないんですよね。

坂本　アメリカの3分の1くらい。お前らどんな小さな政府にするねん。政府、要らんやろ。そんな考え方や。

――「橋下、吉村よう頑張った」と思ってる人たちに言いたいのは、公務員に2種類ある、ということ。市民病院の看護師や保健所の保健師、職員も公務員やけど、高級官僚で、天下って、アベのために文書を改ざんさせる佐川宣寿も公務員。高級官僚はいらんけど命とくらしを守る公務員は必要。

坂本　公共が担うべきところは何かというと、民間ではやらないところ、つまり金にならん必要な分野やね。

――たとえば救急車がなくなったら困りますからね。

坂本　そのうち、チップ払わな動いてくれへんようになるで。民間です、言うて「特急コース」から「鈍行コース」まで（笑）。

――極め付けが東京五輪。人件費が1日30万円出てるのに、みんなパソナが中抜いて1万円ちょっとで雇ってた。橋下徹、安倍晋三、菅義偉などとうまくやった人たちだけ、お友だちだけが儲かるという仕組み。

坂本　友だちじゃないヤツはみんな出ていく。維新の連中はすぐに太田房江とか、元知事時代の責任にするけど、太田時代は12年以上も前。でもその頃は時価総額で100位内の企業、本社が50社くらい大阪にあった。今はもう10社もないいんと違うかな。

中小企業、正社員、下請けがいて、経済は回る

――大阪は市民の所得も上がってないし、他市と比べても景気が悪いんです。

坂本　なんで出ていくかと言うと、金になる仕事を奪っていくから、景気が悪くなるのは当たり前。たとえば松下の工場が引越した後に、巨大ショッピングセンターができるんやって。

――門真市の松下の跡地。

坂本　パナソニックの工場があった時は1千万円プレイヤーがたくさん働いてたやろ。ショッピングセンターになったら、最低賃金でこき使われるヤツばっかりになるで。毎年のように賃上げしてた会社がなくなって、最賃をにらみながら募集する商業施設になる。ホンマに幸せなんかな？

――ちゃんとモノを作る工場があって、正社員がいて、下請けがあり、中小企業がいて。それで地域経済が回ってたわけでね。

坂本　俺ら、子どもの時に米屋のおっさん、酒屋のおっさんって、たいがいベンツかクラウン乗って、ゴルフ行っとったもん。

――米屋も酒屋もええ商売やった、ちゃんと規制されてて商店街の中心にいてたね。

坂本　スーパー1人勝ちにして、誰かええ目したんか？　米屋のおっちゃん、仕事なくなってタクシー乗ったり、スーパーで警備したり。

――物価が安くなったらエエやんって規制緩和して、結局みんなが自分で自分の首を締めた、わけやね。

坂本　タクシーなんか人件費6、7割の世界やから、払えるだけ払ってるわけよ、でもみんなちゃんと払ってんのか、って言いたい。

――同業他社が。

坂本　労働者側の問題も大きい。自分を安売りする。タクシーなら割引運賃とか、基本料金の値下げとか、騒ぐわけ。でも安売りしたらアカン。こんなにストライキが少ない国って、ないで。

――フランスやドイツに行きますと、普通に地下鉄やバスが止まります。国民はちゃんと理解してる。「この人たちがストするから、自分の給料も上がるんや」って。

坂本　そういうこと。国鉄がなくなって何がいいことあった？　今になってインバウンドやって？　エジプト目指してるんか？（笑）　エジプト、エグいよな。2回目行きたい国でなくなるよ。変なモン、売りに来よるわ、ピラミッドの中、オシッコ臭いわ（笑）。

――それで、大阪は物作りの街、中小企業の街として栄えていたのに、カジノができたら中小企業が困る。社長がカジノにはまれば工場なんかすぐつぶれますよ。

坂本　吉村、松井は「カジノ依存症」や。「依存症」とまで言えば依存症の人に悪いな。完璧に「カジノ依存」。ほぼ病気やで、何を言われても「カジノ、カジノ」やもん。堺市長選挙を同日にやったら1億円浮きます、ってアホなこと言うてる維新の連中、カジノになんぼ税金使うねん。あの埋まらへん地盤を金で埋めよる。最初ゴミで埋めてた土地に金出して土で埋めとる（苦笑）。愚の骨頂や、これをおかしいと思わへんのやろか？　気をつけなアカンのは、大阪市以外の人が維新を推すのは当たり前なんや。大阪市の財布に手を突っ込んで「盗んだろか」と言うてるわけやから。

――大阪市が損をする。夢洲は大阪市の土地やから。

坂本　大阪市の税金を大阪府で使おうとするから府民は反対しない。

――だから自民党の大阪府議会議員は都構想賛成で、市会議員は同じ自民党でも反対やった。

坂本　そっちが正しい。自民党が弱くなったのは当たり前の話。さっきの米屋の大将、酒屋の大将はバリバリの自民党やった。中小企業の社長もそう。

――昔の商店街って賑やかでしたよね。

坂本　大きなスーパーができてつぶれてしもた。自民党の支持者がおらんようになった。店を潰されて、それでも支持するヤツってどこにいる？　それで、何かようわからんけど夢のある「空飛ぶ車」とか言うわけや。変な夢見よる。想像力が足らんのやて。

――維新は学校給食を無料にしたと大宣伝。これは国費でやったので維新でなくてもできたのですが、この手の話と夢洲に790億円の公金を突っ込むという話であれば、790億円の方が圧倒的に大きい。

坂本　その790億円をやめて、「大阪市民になるだけで奨学金チャラにするよ」と言えば、どれだけ若いヤツが集まるか。こんな簡単なことがわからへん。

お友だち資本主義のための大阪万博

——有権者の方も、もう少し大きな目で見なアカンのですよ、（岸田に）3万円もらってラッキー、（維新に）塾のクーポンもらえて助かった、とか。

坂本 そこがボケてるところなんよ、「何のために」というところがわかってない。万博は何のためにやってるの？ お友だちが儲けるためにやってるわけ。

——ゼネコンとか電通とか。

坂本 オリンピックでハッキリしたやん。お友だちだけで悪いことしてたやろ。最たるものがお米や。子どもにお米配ったろ、と。

——10キロのコメやったかな？ 配るって言うてましたね。

坂本 配るのが目的と違うねん。お米を自分のお友だちから買ってやることが目的。

——なるほど。

坂本 タワマンのヤツらはそんなコメ食うてない（笑）。所得制限なしって、年収1億円もろてるヤツ、コメいらんって言うよ。

――大手メディアもね、東京のテレビ局は岸田政権批判がタブーで、大阪のメディアは維新がタブー。コメのことはあまり報道してません。坂本さんは在阪メディアには?

坂本　チョロチョロは出てる、バランス取るためにね。

――維新のことを言うヤツも、ちょっとは要るかな、と?

坂本　あれ出してるから、ウチはバランス取ってる、みたいな扱いと違うかな。タブーと言うか、吉本見てたらわかるやん。

――吉本興業ね。

坂本　タレントたちはある意味、会社思いやで。大阪府からどれだけ仕事もろてんねん、と思ってるから、絶対に悪いこと言わへん。

――吉本の大﨑洋会長（先日、辞任を発表）が維新ベッタリ、ダウンタウンの松本人志も。タレントは彼らを忖度して、維新の悪口は言いません。干されるからね。

坂本　ジャニーズ事務所みたいになってたらイヤやな。

日本が貧しくなった原因は消費税

――それで著書の話に移りますが、本の中で消費税について触れてますね。消費税と法人税の関係、これどうなっていますか？

坂本　消費税を取り始めてから今日までの税収増と、同じ期間の法人税の減税分を比べると、ほとんど変わらん。

――89年4月から導入されて

坂本　そう、34年。消費税を増税した分だけ法人税を負けてあげてる。

――大富豪と大企業がトクをしただけ。

坂本　でもホンマにトクなんかな？　それすら今となってはわからへん。国力がどんどん落ちてきたやん。

――大企業は内部留保を貯めていったけどね。

坂本　何を貯めても結局、89年の頃は、日本は中国をはるかにしのいでいて、世界のＧＤＰの18％持ってたんやで。

――ベスト10に日本企業がたくさん入ってましたね。

坂本　世界ランクで2位。アメリカが30数%で日本は18%。今の中国より勢いがあった。

――確か三菱地所がニューヨークのビルを買って話題になってました。

坂本　ロックフェラー・センターやろ。

――アベ・アッキーがディスコで扇子持って踊ってた時代（笑）。

坂本　なんでアカンようになったか？　やっぱり消費税やと思う。最初3%で景気が減速して、5%になって成長が止まり、8%になって減退した。今は世界全体のGDPの4%くらいしかないんと違う？　日本経済。

――1人あたりのGDPはシンガポールにも台湾にも抜かれた、とか。

坂本　アジアの中で35位くらいかな。みんな貧しくなった。

――「日本は貧しくなった」と何となく感じているけど、その原因が消費税やということには気づいてないね。

坂本　韓国からの旅行者が「日本は食べるモノ、安いよ」とか言うてる。「なんや、韓国に抜かれた気がするな」と思ってる間に、次はタイ人がダイソーに来て「安いよー」（笑）。安いから来る国になってるのに、それに気がついてへんのやね。

――たとえばオーストラリアにワーキングホリデーで、働きながら旅行してたら時給がすごくいいので、「ずっとここで働いた方がええで」みたいな現象になってます。

坂本 散髪屋の兄ちゃん、寿司屋の兄ちゃんが年収1千万円やからね。こっちでは月給13万円で、下駄で蹴られてるのに（笑）。

――ここまで日本の力を落としたのは、金持ち優遇のアベノミクスの失敗が大きかったと思いますが。

坂本 それも大きかったけど、やっぱり消費税や。1千万円のベンツと百円の鉛筆が同じ税率って、誰もおかしいと思わんのかな。政治の基本がなっとらん。税金って分配するためにあるんやろ？　誰から取って誰に分ける。

――そのとおりで昔はダイヤモンドや毛皮には15％、食料品は０％。こっちが公平ですよ。

坂本 ヨーロッパは今でも食料品０％の国がなんぼでもあるよ。少なくとも鉛筆とベンツが一緒はアカンで。自民党や維新の連中は政治を志しているくせに、「民を慈しむ」という心がない。自分がその立場やったら、どうする?という当事者意識。生活保護を叩くやろ?

――人工透析患者は殺せ!と言ったヤツもいましたよ。

坂本　長谷川豊。自分が事故で人工透析になったらどうする?って話や。生活保護はナマクラばっかりと違うで。俺も今、病気して商売失敗したら、たぶん、家も取られて借金だけ残るから、間違いなく生活保護になる。今までどれだけ税金払ってきたか。でもそんなこと関係なしで責めよる。

「空飛ぶ車」より「すぐ来る救急車」

――維新の支持者は何となくの「勝ち組意識」を持っているとも言われています。

坂本　日本全体が「負け組」になって後退してることに気がつかないわけ。「空飛ぶ車」と一緒。想像力がない。タワーマンションやっとの思いで買って、「俺は勝ち組や」って思ってたら、窓から車に突っ込まれるで(笑)。醤油買うのに30階のエレベーターから降りて外に出たら、車の部品が落ちてくる。こんなアホなことを想像できへんのやな。どの法律で「何で飛ばすねん」「誰を運ぶねん」とか。「空飛ぶ車」よりも「すぐ来る救急車」の方がええ(笑)。コロナで救急車、なかなか来ぇへんやんか。

——ホンマや、「すぐ来る救急車」（笑）。

坂本 救急車が来て、車内で待たされること2時間、3時間当たり前やったやろ。

——そう、運ぶ病院がなくて、救急車の中で48時間待たされてた。

坂本 なんぼでもおったやろ？ 数字に出てるやん、大阪は全国一、交通事故でも死んでるんやで。

——維新がリストラしたから、病院のベッドが全然足らない。

坂本 そういうこと。保健所もそうや、保健師だけで言うと神奈川県の方が少ないんやけど

——一般職員を含めると大阪が一番少ない。

坂本 そやから保健師が電話取らなアカンって、アホなことが起きるわけや。それで死者が多数出てる。熱中症でも全国一亡くなってる。

——大阪ではコロナで8千人以上亡くなった。東京より多くてワースト。

坂本 熱中症の死者は、大阪市と東京23区が一緒って、これどうよ。「死にまくる街」や（苦笑）。何で感染症対策をするか？ 人が死ぬからやんか、雨ガッパ集めたり、イソジンしたりしてもアカンがな（笑）。ほんでドヤ顔して「大阪産ワクチン」って言うねんや。あれがまた憎たらしい。

――吉村がテレビで突然「大阪産ワクチンができる」。でもまったくダメやった。

坂本　あの会社が、また。

――アンジェスというベンチャー企業で、森下竜一という人物が。

坂本　安倍のゴルフ仲間で。

――加計孝太郎とも一緒にゴルフしてた。

坂本　男たちの悪だくみ、とアッキーが紹介してたメンバーや。

――で、この人物が万博パビリオンの責任者。

坂本　万博を「関西の祭り」って宣伝してるけど、電通も企業も全部東京のヤツらやで。

――東京五輪の組織委員会が言うてました。「ノウハウがないから、全部電通に丸投げやった」って。万博もそうなります。電通は指名停止やけど、子会社がいてるから。

坂本　そこでまた変なことが起きるわけや。

――悪いことしてぼろ儲け。

坂本　「中抜き平蔵」みたいなヤツがな。

――「中抜き平蔵」（笑）。

坂本　竹中抜き平蔵（笑）。

――生放送で橋下がイヤがるはずや、「坂本とは一緒に出ん」って言うわな（笑）。

坂本　危ないと思うんかな？　アパホテルもそうやんか、コロナ陽性者を「ホテルで預かる」いう話やったやろ。メシは一体いくらで受けて、なんぼで出しとったんや。預かり賃もアパホテルが一番高かったらしい。「すぐ泊まれるホテル」よりも「普通に入れる病院」の方がええに決まってるやん。公立病院閉めまくった後でな。

――この10年間で府立病院の看護師減らすわ、住吉市民病院つぶすわ。全国の公立病院で医師や看護師など職員を平均で6％減らしてるんですが、大阪府・市は50％も減らしてる。

坂本　それで誰がトクしたんや、ということ。

――お仲間の病院、かな。

坂本　そのうち「警察官、ヒマそうやから減らそか」って、犯罪だらけになるで。

カジノができれば、大阪はマフィアの街に

――カジノが来たら、よけいにね。

坂本　カジノは、実際には客が来ないと思っている人がいるけど、違うで。だいたい7兆円くらい賭けてくれな、勘定合わへん。USJ（ユニバーサル・スタジオ・ジャパン）より人が来ないとアカン計算や。

――1人60万円くらい使わないとアカンらしい。

坂本　集まるわけない、思ってるやろ？　でも集まるで。

――パチンコ屋が新装開店して、最初は勝たせて中毒にする。その理屈で、カジノも？

坂本　いや違う。もっと怖い話や。たとえば「オレオレ詐欺」で1千万稼いだヤツがいる。夢洲に持っていって1千万円分チップを買う。

――マネーロンダリング。

坂本　10万円ほど張ったら、チップを現金に戻す。これを規制してないんや。ラスベガスはちょっと真面目になって規制したら、博打客がいなくなった。ということは、世界中の名だたる悪いヤツらが金持ってやってくるわけや。

――汚れた金をチップに変えて、ルーレット1回だけやって、戻したら。

坂本　運よく勝ってしもたら、さらに儲かるで。名だたる犯罪者集団が来よる。

――大阪市はマフィアの街に。

坂本　これでいいのかな、と思う。ちょっと想像したら「空飛ぶ車」と一緒やろ。今頃、みんなVR見て歩いてなアカンやん、ごついメガネかけて。俺、街でVRつけて歩いてるヤツ、見たことないで（笑）。

――危ないわ、そんなもん付けて歩いてたら（笑）。

坂本　世界中、みんなセグウェイ乗ってなアカンやろ（笑）。ちょっとの想像力でわかるはず。維新は「人の目をふさぎ、耳をふさぎ」よる。で、骨伝導で自分らの都合のいいことだけ分かち合いよる。セコイやり方や。

――骨伝導（笑）。

坂本　つながってるヤツしかええ目せぇへん。

――維新と親和性があったのは、アベ、スガの2人。

坂本　清和会の連中やね。

――アベ、スガ、松井、橋下の4人で毎年、盆と暮れに集まってた。

坂本　彼らの汚いところは政府の諮問会議を巧みに使う。議員減らせ、議員減らせ言うといて自分らの友だちを「民間議員や」いうて決めていきよる。

――で、竹中平蔵が儲かる。

坂本　派遣業法を変えろ、とか言うてな。ライドシェアに巨額の投資をした三木谷浩史が「ライドシェア推進」。三浦瑠麗は何を言うてるか、太陽光、太陽光や。

――旦那の会社が太陽光やから（笑）。

坂本　それやったら、まともな議員を元に戻してくれ、って思うな。510人ほど衆議院議員がいた頃は、今より金かかってへん。

――えっ、そうなんですか？

坂本　政党助成金もなかったし、秘書も2人までやった。元に戻したらええやん。議員が足らへんから変な民間議員入れて、自分の政商するわけや。これにメスをよう入れん岸田も岸田やな。

――アベの亡霊に取り憑かれてるんやろね、防衛費も倍にすると。

坂本　防衛費もそうやけど、自分の言うたこと変えるからアカン。本当に所得倍増するつもりやったんか？

――最初は「分配が大事」って言うてました。「金融課税もやる」って。

坂本　所得倍増したらどうなるか？　消費税よりも増えた所得で所得税収が伸びる。これが実現したら消費税率を2％は下げれるよ。でもこれが出けへんと思ってる。年収300万円以下が、今は4割ほどになった。

――非正規労働者が増えましたからね。

坂本　非正規を正規にするだけで年収はほぼ倍になる。公務員も増やしたらいい。

――そうすれば賃金相場が上がるので民間も恩恵を受ける。

坂本　日本国中、全員の所得が倍になる。

――89年までは消費税がなくても財政は回ってた。

坂本　元に戻したらいい。金持ち大好きやったら、金持ちの所得も増やしたったらいい。どうなるか？

――80年代まで富裕層の所得税は75％、今は45％。

坂本　ええねんで、45％でも。倍増したら、税収は増えるんや。倍増したら、社会保険料も山ほど入ってくる。年金給付を制限する必要もなくなる。「今さら小選挙区制を中選挙区制に戻すのは無理だ」と同じ理屈や。4つか5つの小選挙区を合区して4番か5番まで通る、という風にすればすぐ元に戻る。

――中選挙区制に戻したら、骨のある議員は勝ち抜いてくれるから自民党にも多様性が出てよくなりますよ。今はチルドレンばかり。

坂本　小選挙区制と消費税が日本をダメにした。元に戻したらええだけや。肺がんのヤツがタバコ吸うてるのと同じ。もうやめたらええねん（笑）。やめてオプジーボ打つべきなんや。こんな簡単なことがわからんかな。

——肺がん患者がタバコ吸うてて、パチンコ依存症がカジノにもハマる。

坂本 やめたらええだけ。やめるシステムを作ってやることやね。

昔の郵便局はおばあちゃんの味方やった

——物価高になれば、欧米ではデモやストライキをする。日本人は何でこんなに大人しい？

坂本 自分の安売りや。国鉄がすべてと違うかな？

——分割民営化された時に。

坂本 あの時、国鉄の労働組合が悪や、と。アイツら働かんと給料もらいやがって、と散々やられたやろ。

——国労（国鉄労働組合）がものすごくイジメられた。

坂本 「国鉄」って飲み屋で言うただけで白い目で見られてな。

——そんな雰囲気でした。

坂本 結局、何が起きたか？　今からインバウンドが大事やって言うけど、観光客はどこへ行くの？

――そう、民営化されてローカル線が次々と廃線になって。

坂本　線路はがされて、バスになって、そのバスも廃止、タクシー会社もなくなって。で、白タク入れたらええねんって、頭おかしいのか。日本国中、全部ウーバーイーツでええと思ってるからや。そのウーバーイーツの兄ちゃんがコケたら、誰が補償するねん？　その兄ちゃんに轢かれて、兄ちゃんが貧乏人やったら、誰が弁償してくれるねん？　そんな怖い社会になるっていうのがまったくわかってへん。

――国鉄も郵便局も公共でやってるから、みんなが安心して利用できてた。

坂本　郵便局は親方日の丸の間は、おばあちゃんの生活守ってたんや。

――離島にもあって、生活の拠り所やった。

坂本　おばあちゃんのトクする物しか売らんかった。会社になったとたんに、「会社がトクしておばあちゃんが損するもの」しか売らんようになったやろ。オレオレ郵便局（笑）や。

――おばあちゃん騙して手数料稼いでた。

坂本　それを見てた悪いヤツらが「アフラック売れ」（笑）。なんでアフラックなんか売らなアカンねん。かんぽ生命の方がトクやがな。

――アフラックもカジノもみんな外資に吸い上げられるだけ。

坂本 日本を売って手数料をもらう、そんなヤツらがおるねんて。

――「中抜き平蔵」（笑）やな。

坂本 何バンクの犬か知らんで。ワンワンワン言うてるやん（笑）。大学教授ってそんなに金いるか、って思うよな。

――慶應大学の教授という肩書きでテレビに出てるけど、「パソナの会長」って名乗れよ、って思います。

坂本 今は会長も退いた。「パソナの院政」って呼べよ。「逮捕される」と思うからさっさと辞めよる。

夢洲を埋め立てる金で、住みよい街ができる

――アベというフタが取れたからね。逮捕されそうな人、もっと増えてくるんと違うかな。

坂本 日本を立て直すには、政治の基本に帰らなアカンわな。分配をもう一度考えなアカン。

――当面は消費税を廃止するべき。

坂本　廃止できるのに、廃止できへんって言うわけよ。所得を上げたらええねん。年収300万が600万円になったら、所得税は10倍近く上がるんと違うかな?

――それとタクシー運転手や看護師、学校の先生などは「エッセンシャルワーク」。つまり必要な仕事でしょ、社会に欠かせない仕事をしてる人が非正規で年収300万円、株を転がしている人が年収1億円って、これやっぱりおかしいですよ。

坂本　労働者も意識を変えなアカンと思う。「俺、自分を安売りしてないか?」と。最低賃金上がった、って喜んでたらアカン。「お前、最低や」って言われてるんやで、早く目を覚まさなアカン。俺ら、労働者に金を払う側やんか。最低賃金は最低やねん。自分で意識を持って「真っ当な給料を」と言わなアカン。

――学校であまり権利意識を教えてないんやろね。労働者の権利とか、マイノリティーの人権とか。逆に「我慢しろ」とか「協調しろ」とか、辛抱することを教えている。

坂本　権利を奪うことをやってる。茶髪すな、給食ちゃんと食え、とか。

――髪型もツーブロックはアカンらしい(笑)。

坂本　イモでないとアカンねん。スカート丈は風でめくれる長さがいい、平気で言うてる。

――地毛が茶色い子に無理やり黒に染めさせた例もあった。その学校をトップダウンで押さえつけたのが橋下徹。

坂本　君が代で、立てとか。

――口元チェックも。

坂本　口パクがアカンかったら、ＡＫＢ全員アカン（笑）。

――アベスガ政治の大阪版が維新。

坂本　結局は「アベの愉快な仲間たち」や。たとえば小さな産業を奪い取って、巨大ショッピングモールをバンバン作る。もう1個でええやん。2個目できるときは1個目を閉じてくださいいせんとって、という話。競争にならん巨大資本と競争させられるわけよ。無人のギョーザ販売？　盗られたら警察が来るから大丈夫？　いや、人を雇えよ。「人をちゃんと雇え」ということと、雇われる側は「ちゃんとくれ」と言わなアカン。そしたら賃金が上がって今の悩みはほとんど解決するよ。収める健康保険料が増えれば医療費もまかなえるやろ。

──正規雇用にして給料が上がれば結婚できるようになって、少子化問題も解決の方向に。

坂本　万博で海を埋め立てるくらいやったら、それで奨学金チャラにしたって、学生集めたほうがいい。

──夢洲を埋め立てる金があれば、ほとんどのことができますよ。

坂本　大都市圏で大阪だけが人口減ってるのは、それだけ魅力がないということ。住みづらいんや。

──トオルちゃん以来、維新政治が12年続いた。そら、住みにくくなりますわ。

坂本　あいつら「大阪は生活保護が多い」って、当たり前やろ、仕事奪ってたんやから。若い子の仕事を奪う。こんなに移民入れてる国、ないで。難民を断ってるのと移民を入れまくってるのと、全然意味が違う。

──技能実習生という名前で安い労働力を。

坂本　「職人を安く使おう」という根性やな。昔は不良の兄ちゃんを一生懸命、ケンカしよんのを我慢して使って一人前にしてた。それを、パスポート取り上げて外国人を安く使うって、これでええのん?って感じるわ。

――最後にこの『維新断罪』という本ですが、維新が選挙で圧勝しても、どんどん売れてると聞きました。もっとたくさんの人に読んでもらいたいですね。あっという間の1時間でした。今日はありがとうございました。

坂本　ありがとうございました。

PART.4

立憲民主党よ、原点に立ち返れ！

【対談】
ジャーナリスト
横田 一

※この対談は2023年4月30日に行われました。

統一教会の聖地で票を減らした安倍陣営

――本日のテーマは「山口、和歌山、奈良、大阪。補欠選挙と知事選挙の現場から」です。横田さんは選挙現場に突撃取材をされる方として有名です。まず山口県からお聞きします。2区と4区で衆議院の補欠選挙がありました。4区は妖怪の孫＝安倍元首相の地元ですね、ここは次の選挙は合区になってなくなってしまうんですよね。

横田一　はい、小選挙区4つあるのが3つになります。林芳正外務大臣が、地元下関市の出身なので、次はここから出馬するのではないか、と。つまり今の4区はワンポイントリリーフ、次の総選挙までのつなぎ役でしかない。元下関市議の吉田真次候補を擁立した安倍昭恵さんたちは「8万票を取れば、林さんは4区に帰ってこられない」と、安倍元総理が存命中に獲得した最後の得票、8万票を目標にしていたのですが、フタを開けると5万2千票しか取れなかった。

――安倍元首相の最後の票が8万票、これ前回より2万票減らしてます。つまり10万、8万、5万2千と自民党票が激減していますね。

横田　総理大臣を辞めてから減らして、今度はまたさらに減らしています。「山口4区は自民党が圧勝した」と報道されていますが、現実はそうではありません。対抗馬で立民から出た有田芳生さんが善戦して、かつてないほどの得票率だった。

――有田さん、立民の元参議院議員で、一貫して統一教会問題を追及していたジャーナリストとしても有名な方ですよね。

横田　「下関市は統一教会の聖地でもある」と有田さんが発信して、これがネット上で激論になりました。韓国の釜山から下関までフェリーが通っているのですが、文鮮明がこれに乗って初めて日本に降り立ったのが、下関。統一教会にとっては聖地、記念すべき土地なんです。だから統一教会の施設も多い。しかも、安倍三代にわたる統一教会との関係の発祥地でもある。

これを選挙の争点にしたんです。「安倍政治の検証」を掲げました。3大争点として、①統一教会との癒着、②アベノミクスの失敗、③解決しない拉致問題、です。

――釜山と下関は昔から「関釜連絡船」として、韓国からこの船でやってきた人々が、後の在日コリアンのコミュニティーを形成していく。その玄関口が下関市です。そこに安倍三代の初代、妖怪＝岸信介がいて、文鮮明と野合して「国際勝共連合」を作る。そう考えればまさに下関は統一教会の聖地とも言えますね。

横田　しかも、この選挙で自民党は、まるで「統一教会問題がなかった」かのような対応でした。吉田真次候補の応援に下村博文（元文科大臣）、萩生田光一（政調会長）、江島潔（元下関市長）の3人が揃い踏み。有田さんが「統一教会三羽烏がやってきた」（笑）と言うくらい統一教会ズブズブの選挙でした。ちなみに櫻井よしこも応援に入った。誰も安倍元総理と統一教会の関係について、触れない。あの銃撃事件、山上被告の動機になったにもかかわらず。

銃撃事件自体はけしからんと批判するのです、民主主義への挑戦だとか、テロだとか。でもその動機、原因についてはまったく触れない。で、櫻井よしこを直撃しました。

「何で触れないのか?」「安倍さんの負の遺産ではないか?」「統一教会とズブズブの関係だったではないか?」と聞いたら、「いや、負の遺産はありません」(笑)。昭恵夫人と吉田候補にも聞きましたが、まったく答えず。選挙で応援してもらいながら、信者からの違法な高額献金を見逃していた、警察の捜査から統一教会を守ってきた。この安倍=統一教会の関係にはまったく触れなかった。

とにかく涙々の弔い合戦。安倍さんに代わって立候補したのが吉田真次、「きっと安倍さんが天から見守ってくれるはず」とか「よく頑張ったね、と言ってくれるような結果を出しましょう」とか。政策は二の次で。

——選挙陣営も宗教カルト化(笑)。

横田　まさにカルト化、熱狂化。櫻井よしこなどは「安倍さんのおかげで防衛費がGDP2%になって、それを岸田さんが引き継いでくれている」。岸田総理への爆発物事件の直後だったので、「岸田総理が無事だったのはよかった。でも安倍総理の時はなぜ守れなかったのか」と演説したら、昭恵夫人がもらい泣き(苦笑)。2人が慰め合うみたいな。お涙ちょうだいの選挙としてはよくできてました。

山口4区は「安倍帝国」から「林帝国」へ

――弔い選挙になれば、普通はもっと票が出ますよね。

横田　意外に伸びませんでした。最初に言ったように選挙区が減った上に、林芳正さんが戻ってくる可能性が高い。下関市はもともと安倍派と林派で、自民党が割れてまして。

――江島さんが下関市長の時に「ケチって火炎瓶」事件（注1）がありました。

横田　はい、歴史的に下関市長選挙って荒れてるんです。父親（安倍晋太郎）の代から安倍家と林家はしのぎを削っていたんです。江島潔は安部派で、その後、林派の市長に代わって、これを奪還するために「桜を見る会」に下関の後援会員を接待したんじゃないか、と言われています。

――あちこち下関だらけでした、新宿御苑（笑）。

横田　なぜか関係者、後援者ばかり呼ばれていてね。あのおかげ

注1　「ケチって火炎瓶」事件

2000年6月から8月にかけての衆議院選挙期間中に、下関市の安倍晋三の自宅と選挙事務所に合計5回にわたって火炎瓶が投げ込まれた事件。その原因は99年下関市長選挙において、安倍晋三が自分の子飼いである江島潔を当選させるため、指定暴力団工藤会の組員に、対抗馬だった古賀敬章を中傷する怪文書を配布するように依頼。この選挙妨害が功を奏したのか江島潔が市長に当選。報酬は500万円の予定だったが、ケチって300万円に値切ったため、工藤会組員が怒って火炎瓶を投げ込んだとされる。

で安倍派の前田晋太郎、今の下関市長が林派から市長の座を奪還した、と言われています。それくらい両派がバトルを繰り広げていて根深い対立があった。ただ安倍さんが生きている頃は、国政選挙は、さすがに4区では対立しないことになっていた。

――でもね、8万票から5万2千票ということは、「安倍帝国」が終了間近で、今後は「林帝国」になりそうですね。

横田　ええ、林派は寝てた（笑）というか、真面目に選挙をやらなかった。林派が動かなかった分が、2万8千票もの減少になったのでしょう。実際に安倍派の市議のポスターと林派のとでは明らかに違っていて、安倍派のものは吉田真次候補と岸田総理のツーショット。林派は岸田のみ。やる気のなさが目に見えてました。選挙最終盤、安倍派は吉田真次候補だけのポスターに変わって、「期日前投票に行きましょう」と書いてある。貼り替えられていたんです。林派は岸田総理1人のまま。

――そもそもアッキーはなぜ立候補しなかったんですか？

横田　あまり政治に関わりたくない、ということでしょう。仮面夫婦と呼ばれていた（笑）ので、脱原発とか。

――そうそう、家庭内野党（笑）と呼ばれて。

横田　自由奔放に生きたい、と思っていた。「元総理の妻」という役割を演じないといけないので、今回は本人は出ないけれど代わりに安倍派の市議を担ぎ出した。

——安倍元首相の母親、旧姓 岸洋子とは仲がよくないようですね。

横田　元から仲が悪くて、あまり家に寄り付かなくて、池袋のバーなんかで飲んだくれていた、と。

——居酒屋もやってましたね。

横田　ミュージシャンの布袋寅泰さんとキス事件を起こした（笑）。脱原発とか防潮堤の見直しなどを言うのですが、旦那が総理大臣の時には聞き流されていた。まあ外遊して飛行機のタラップを降りてくるときだけ手をつないでね（笑）。

——タラップのみの仮面夫婦（笑）。

横田　それ以外は冷え切った関係で、家にいるよりも外で飲み歩いてた、という話でした。いろいろとやりたいことに邁進されていて、たとえば被災地に行ったとき、つまり家を離れているときは活発に活動されて（笑）。防潮堤反対の若者の活動家とハグしてる写真を撮られたり。だから今回も本人は出ずに、代役を立てたということだと思います。まあ後援会長が名前を「安倍真次」と間違えたくらいで（笑）。

――はい、それニュースになってました。吉田真次が安倍真次（笑）。

横田　とにかく安倍さんのネームバリューを最大限活用した選挙。安倍チルドレンなので、当選して一番やりたいことは「憲法改正」。安倍さんのやってたことをそのまま引き継ぐ、と。もともとそういうキャラで、ツイッター上で問題発言をしてました。「日の丸ボーイ」、まさにタカ派的な政治を受け継ぐと言って当選しました。

二世、三世どころか四世議員誕生

――次に山口2区に移ります。岸信夫防衛大臣が引退して、信千代が出馬。男ばかりの家系図を出して（笑）顰蹙《ひんしゅく》を買っていました。信千代は二、三世ではなく四世。対抗馬が平岡秀夫で、大激戦でしたね。

横田　まさに家系図批判、世襲批判が起きました。「血筋しか売りがないのか」（笑）。地元の反発が強くて。特にあの家系図の中に、佐藤栄作元総理は入っていたのですが、息子の佐藤信二元通産大臣が載ってなかったんです。佐藤信二は山口2区の先輩議員なのに。対抗馬の平岡秀夫も山口2区を勝ち抜いた経験があり、その前が佐藤信二。佐藤栄作、信二の親子二代にわたって、選挙区内のインフラ整備をしてきた。

つまり、地元としてはお世話になった人、「なんで信二さんを載せないんだ」と、昔の佐藤派が反発して平岡に一部が流れた。旧岸派の、本流の人たちは信千代に入れたんだけど、下関で安倍派と林派が割れてるように、２区の岩国市でも岸派と佐藤派が割れてるんです。

――えっ、でも佐藤栄作といえば岸信介の弟。骨肉の争いですか？

横田　今までは国政選挙で協力してたんですが、今回の件でひび割れが。盤石の地盤を作って岸信夫を応援してきたのに、息子の信千代が出てきて、家系図に佐藤信二が出てこない。自分たちが軽んじられた、と。疎外感を持ってしまった。

――疎外感（笑）。

横田　それくらい地元のことを知らない人が、落下傘候補で出てきた。

――女性を抜いてるのもすごいけど、家系図に栄作の息子で、元大臣を抜いてしまう。選挙対策本部もちょっと抜けてますね。

横田　選対本部も当初は「共産党系候補しか出てこないだろう」とタカをくくっていたようです。

――緩みきっていた。

横田　国道2号線が岩国のメインストリートなんですが、その奥まったところにある有力な後援会長のビルの隣に事務所を借りてね、駐車場スペースも足りないし。一方、平岡陣営は幹線道路に面した所に事務所を構えてね、かつて岸信夫が事務所にしていた一等地に。事務所一つとってみても、完全に緩みきっていたのです。

山口2区は本来の野党共闘が大善戦

——それにしても惜しかった。大激戦で岸信千代6万1千票、平岡秀夫5万5千票。もし平岡が勝っていたら激震が走っていた。

横田　9割の惜敗率。投開票日、平岡事務所は非常に明るくて、次の総選挙にまた出るのか？という質問には否定をしませんでした。ノーコメントと言ったら、拍手が沸き起こるという状態。これだけ短期間でも善戦したでしょ、次は勝てる可能性が高いと言われていました。負けても比例復活の可能性がありますし。次につながる補欠選挙でした。

——そこで気になるのは立民ですよ。平岡秀夫はかつて民主党から出馬。しかし立民は公認せずに無所属。おそらく「連合」が嫌がった。山口2区には原発があります、上関原発問題が。なぜ立民は公認しなかったのでしょうか？

横田　民主党時代は法務大臣まで務めてましたからね。立憲民主党ができる前の衆議院議員でした。

山口4区の有田芳生は公認するのに、2区の平岡秀夫は公認しない。なぜか？　まさに上関原発の予定地を抱えているので、地元の立民関連者の中に中国電力の応援を受けている人が少なからずいる。

――そりゃ原子力ムラはお金もいっぱい持ってるしね。

横田　地元の「連合」にも関係者がいる。立民の山口県連の一部が反対した。東京の本部、芳野友子会長の意向もあったんじゃないか、という話です。立民の党幹部は「連合」中央と、山口県本部に忖度して公認せず、無所属になったようです。

――こんなこと繰り返してたら、立民は野党第1党の座から転げ落ちるでしょうね。

横田　まさにその通りで、告示日の出発式には原発反対の菅直人元首相、立民の近藤昭一、さらに共産党の宮本岳志、れいわの大島九州男が参加する、超党派的なものになりました。今の泉健太代表になる前の、枝野幸男代表の時代に戻ったかのような、市民と野党の共闘が実現していました。皮肉なことにむしろ……。

――「連合」が推さない方がいい（苦笑）。

横田　より幅広い市民と野党の連携ができた。上関原発反対のプラカードを持った人も参加してました。立民がまだまともだった頃を彷彿させる選挙体制でした。これも大善戦の大きな理由の一つでしょう。信千代の家系図でマイナス。あと平岡本人がずっと岩国で生まれ育った。信千代は東京生まれ東京育ちでしょ、慶応幼稚園から大学まで。落下傘候補で地元のこと何も知らないし街頭演説でも具体的な政策を語れない。

いろんな要素がありますが、立民の関係では泉執行部体制が、共産党を含めたれいわ、社民という4党の枠組みをチャラにして、維新と国民民主にすり寄っていった。でも相手にされない（苦笑）。これが大分の補選でも、千葉補選でも負けた原因だと思うのですが、それと違うやり方をした。立民の公認を受けなかった無所属の平岡が善戦をする。皮肉な逆転現象が起きていたのです。

――これは教訓ですね。新潟県知事選挙でも「連合」が推したら負ける。むしろ「連合」と手を切って原発反対を掲げたら勝つ。これは全国的な傾向なのかも。

横田　はい、新潟と同じようなことが山口2区でも起きて、本来なら泉健太代表は「なんで公認しなかった平岡さんがここまで善戦したのか」を直視して、今までのやり方を反省し、枝野時代に戻すべきです。れいわ、社民、共産、立民で戦うべきです。維新と国民とは手を切る。脱原発もそうですが、岩国市は巨大な米軍基地があります。敵基地攻撃能力を持って、台湾有事の際に巻き込まれたら、最初に中国からミサイルが飛んでくるんです。

――危ない危ない。

横田　首藤信彦元衆議院議員が出発式でその話をしてね、「朝鮮戦争で最も大きな役割を果たしたのは岩国基地だった。同じように東アジアで紛争になれば、岩国基地が真っ先に攻撃される」。平岡候補も同趣旨の話をしていました。岸田軍拡に対してきちんと反対することと、原発に反対し新増設、再稼働を認めない。これをちゃんと訴えれば平岡候補のように善戦できるのです。

奈良県知事選での保守分裂を突いた維新

――横田さんは山口だけではなく、和歌山、奈良、大阪も取材されています。まず奈良県知事選挙からお聞きします。これは自民党内紛によって維新が漁夫の利を得た、ということですよね。

横田　はい、保守分裂選挙の間隙を維新が突いた、ということです。自民党系2候補の票を足したら、維新を上回っていた。高市早苗大臣が、県連の会長でもあるのですが。

――奈良は高市の地元。

横田　はい、高市の調整不足。その上に放送法の解釈問題が出て、ずっと追及されてて。

――文書は捏造です、と本人は突っ張ってたけど。

横田　ちょうど時期が重なって、応援演説を二度もドタキャンした。高市大臣の政治生命にも関わるんじゃないかと、話題性も高まっていました。そして、維新が初めて大阪以外で知事のポストを取れるのか。2大テーマがあったので追いかけていました。

――選挙の構図は、現職の荒井正吾知事が二階俊博に近くて、高齢で多選。高市側が自分の子飼いである総務官僚の平木省を出した。しかし、調整がうまくいかず、荒井がまた出てしまった。二階と高市の綱引きがあった？

横田　まさに自民党内の権力闘争だった。二階関係者が荒井知事に「降りるな、出馬しろ」と言った、というウワサも流れていました。ネトウヨ高市支持者からは自民党二階批判も飛び交っていて、「荒井を出馬させたA級戦犯はこの人」などと名前を挙げるような事態も（苦笑）。ただ高市は県連会長なので、本人が知事に直接会って、説得して降りてもらうのがスジです。でも荒井知事には会わずに、年配の県議会議長を使って調整、説得させていた。

2回ドタキャンした後、投開票日の2日前、金曜日の夜にサプライズで登場しました。そこで高市は「自分が直接会うと、『若造』と言われてしまうから」と言い訳してました（笑）。「自民党の世論調査の結果だと、荒井が出ても負ける。恥をかかさないために必死で人を介して説得したんだ」と。

で、二度目にドタキャンした時はね、代わりに応援演説に立った長尾たかし（前大阪14区衆議院議員）が「高市さんから今、携帯に電話がありました。ちょっと私は行けないけれど、魂は生駒駅に置いておくから、とのことでした」（笑）。私はすぐにネットのデモクラシータイムスで「高市早苗、奈良で幽体離脱」（笑）と書きました。

――生駒市といえば維新の山下真候補が市長をしていたところですよね。

横田　はい、平木陣営としては相手の牙城を切り崩す作戦だった。なので高市が来る予定だったのですが、二度目のドタキャンで代役を務めた長尾たかしに直撃したんです。

――このときは高市が「（議員を辞めても）結構ですよ」とか、内部文書が捏造ではないことが明らかになっても、「（捏造とは言わず）正確ではないと申し上げた」とか、追い込まれていたときでしたね。

横田　そうです。でも恥をしのんで、地元に来れば結果も違ったかもしれません。長尾は「本人は来たかったが周りが止めたんだろう」と言ってましたが。さすがに国会であれだけ追及されると、来ればプラスになるのかマイナスになるのか、判断がつかなかったのかもしれません。

――そんなことで奈良県知事選挙は維新が勝ってしまいました。ここでも立民が野党共闘で候補を出していたら、勝ててた可能性があったのでは？

横田　もし立民が共産、れいわなどに話を持っていって統一候補になっていれば、保守分裂なので可能性があった。実際は維新に野党としての受け皿を奪われてしまった。立民は平木候補を応援したんです。

――高市直系の官僚を。

横田　高市が総務大臣時代にずっと支えてきた人です。彼女も絶賛してて ね、「将来は幹部候補なのに、地域のために名乗りを上げてくれた」と。

――本当にダメやな。立民の泉健太代表。

横田　ダメなんです。保守分裂の可能性があれば、いち早く共産党を含めた野党に声をかけて「荒井県政打倒」と、動かないといけないのに、維新に全部いいところ取られちゃった。

和歌山の補欠選挙でも自民は自滅

――続いて和歌山の補欠選挙です。ここも維新が勝ちました。

横田　ここも自民党の戦略ミスです。負けた門博文はずっと国民民主の岸本周平（現知事）と和歌山1区で戦って、負けていたんです。連戦連敗で比例復活。路チュー事件もあったし。

――中川郁子（北海道11区で比例復活）とね。

横田　週刊誌に撮られて、公明党・創価学会の婦人部あたりが動かない。しかも、岸本と争ってきたわけで、岸本支持層も門には入れにくい。こんな候補を選んだ時点で逆転の余地が出てきた、ということです。

維新の林ゆみ候補の演説を聞きましたが、そんなに目新しいことは言わない。身を切る改革、子育て政策など維新の候補がよく口にする、ありきたりの演説。比較的若くて女性だということで逆転勝利につなげたと思います。最終日は岸田総理と小池百合子都知事が応援に入りました。それでも維新の林が競り勝った。街頭演説を聞いてる人の数でいうと、一桁くらい違うんです。

――維新がたくさん集めてる？

横田　逆です。維新が少ない。岸田総理が2回目の応援に入った時に爆発物事件があったでしょ。漁業関係者に直前に会って、「お礼をしてきました」。世耕弘成参議院幹事長が「総理が命懸けでいらっしゃいました」。あの爆発事件を最大限に訴えても及ばなかった。岸田総理の訴えも、「命懸けで来ました」（苦笑）。政策はほとんどなし。爆発事件のことばかり。

――ここでも維新が勝ったというより、自民がコケた？

横田　はい、最初の候補者選びから。保守王国の和歌山で緩みきっていたのでしょう。候補者選定の過程で自民党内の対立もあったのではないか、という指摘も。つまり奈良も和歌山も自民党の自滅、ですね。維新の勢いを過大評価しているのが産経や読売。立民を野党第一党の座から引きずり降ろそうとしている政権寄りのマスコミです。でも現場ではあんまり維新の勢いがあるとは感じませんでした。

奈良の山下真新知事にも、囲み取材で「コロナの死亡率、大阪は全国1位。これは身を切る改革、公務員削減の弊害じゃないか?」と聞いたんです。「いや、県知事選挙とは関係ないから」(笑)と逃げた上で、「身を切る改革と死亡率ワーストとの因果関係はよくわからない」と開き直る。ちゃんとした説明ができないにもかかわらず、フワッとした人気で勝っちゃった。

本当なら、「大阪のコロナ対策のダメだったところは、奈良ではちゃんと是正して対策する」などと答えるべきところを、「因果関係を示せ」と逆質問して逃げていく。つまり質問にまともに答えられない知事を選んでしまった。リニア新幹線の延伸についても聞いたのですが、「リニアはJR東海が決めることで、関係ない」と。

——じゃあ知事は何をするの?(笑)って話やね。せめて「奈良の大仏を赤や黄色にライトアップします」(笑)くらい言えよ。

横田 大阪モデルに続く奈良モデル(笑)。

立憲民主党を希望の党の流れから取り戻せ

──横田さんはフリーランス。政治家たちに果敢に切り込む取材方法は、記者クラブに入らせてもらえなかったから、編み出したものですか？

横田　毎週月曜日に、ＹｏｕＴｕｂｅのデモクラシータイムス「横田一の現場直撃」という番組がありまして、その冒頭に直撃した映像を流しているんです。大物有名政治家、知事、市長などの映像を紹介すると視聴者数が伸びる、関心の高いテーマに食いついてくれるという経験則があるんです。政治家以外でも櫻井よしことか昭恵夫人とか。これを流しながらカンパも募集しています。次の直撃への交通費にして、また流す。これを繰り返しているわけです。

──横田さんの直撃でいえば、小池都知事が圧倒的な人気を誇っていた時に、民進の前原誠司と組んで希望の党を作った。旧民主系の議員たちがこぞって希望の党に入ろうとしていた時に、憲法問題で9条を守ろうという人も入党させ、出馬させるつもりですか？と尋ねた。すると小池が「排除しますわよ」。あれで「小池は緑のたぬき」（笑）だとバレて、人気が急速にしぼんでいったんですよね。

横田　あの時は２０１７年の総選挙直前で、直撃というよりも、珍しく小池都知事が記者会見で指してくれたんです、半年ぶりに。

──当ててくれた。

横田　自分の人気に舞い上がっていたんでしょう。油断したんじゃないかと思います。それで改憲と安全保障問題に対するスタンスで「排除するんですか？」と聞いたら「排除します」。本当は「排除しないで全員包み込んだ方が政権交代に近づくんじゃないですか？」と建設的な質問をしたつもりだったんです。まあ、あの騒動のおかげで、立民ができたわけですが。

――こうして振り返ってみると、横田さんの質問がなければ立憲民主はできてなかったのかも。

横田　小池の排除発言を引き出したのは事実ですが、その後に枝野幸男が立ち上がってくれて。まさに民意が、有権者の多くが、小池は第二自民党だと見抜いてくれたのです。小池では安保法制の見直しはやらない、戦争ができる国になってしまう。アベ政権と大差ないじゃないか、と。それで枝野が立ったことに支持が集まって立憲民主が野党第1党になった。

この流れを振り返ると、今の泉代表と執行部は、当時の希望の党を作ろうとした人たちなんです。希望の党の初期メンバーが立民を乗っ取ったという感じ。

――たとえば野田佳彦。消費税を引き上げた人です。

横田　そんなA級戦犯のような、立憲民主ができたときにはいなかった人たちが、大きな顔をして党の執行部に居座っている。維新や国民民主など、旧希望の党系列の人たちとうまくやることが野党の役割だ、と勘違いしているんです。立民ができたときは、安保政策でも原発でも自民党と対峙する、9条を守り原発をゼロにする、こういうふうに始まったのにそれを忘れてしまってね。今回山口2区で平岡秀夫がその原点に近いことを言って、大善戦をした。

――千葉県でも負けました。ここは政治とカネ問題で自民党の薗浦健太郎が辞職。自民に逆風が吹き、大チャンス。でも野党がバラバラに立ってしまって敗北。これも泉代表の責任が大きかったんですよね。

横田　共産党は候補者を降ろす準備をしていました。でも立民が本気の野党共闘をする気がないので、出さざるを得なかった。共産党とだけでも一本化していれば勝っていた。これを泉代表に直撃したんです。「いや、足し算だけでは測れない」（笑）と訳のわからない言い訳。全然反省している気配もなかったんです。

――選挙は足し算でしょ。

横田　足し算で測るのが普通だと思うのですが、それ以外に方法があるのなら説明してほしい。明らかな泉代表のミスで、勝てる選挙を落とした。普通ならこれだけでも代表を辞めないといけません。辞めないのであれば、枝野前代表の路線に戻す、と宣言するべきです。何もせずに代表に留まるのは無責任はなはだしいと思います。

――泉代表もそうですが、岡田克也、安住淳などの幹部も総取っ替えすべきですよ。

横田　まさに三大A級戦犯。

――この戦犯たちがのさばっている以上、立民は次も大惨敗。

横田　このままなら維新に野党第1党を取られるでしょう。

――そうなると大政翼賛会ですね、自民、公明、維新でなんでも決めていく。

横田　はい、入管法でもそんな感じの国会ですから。17年の希望の党と同じ。あのとき立民が立ち上がっていなければ、小池第二自民党が野党第1党になっていたでしょう。そうなれば大政翼賛会的な政治になっていた。あのときの再来になりかねない。いま、維新と国民民主が連携して、立民を蹴落とそうとしているわけです。泉代表はこの動きにまったく気づいていないんじゃないか。安住淳は「維新との連携強化」ばかり言ってるし。A級戦犯トリオはとっとと辞めてもらわないと。

――むしろA級戦犯たちと「連合」にくっついていく立民Aと、9条を守ろう、原発をなくそうというまともな立民Bに割れてくれた方がいいのでは？　そして立民Bが共産やれいわ、社民と共闘する。この方が話は早いのではないか。

横田　それも1つの手だと思います。ただ思い返せば、もともと立民はそういう党だった。この路線を変更した泉執行部に退いてもらう。この方がスムーズにいくのかな？とも。分党すると地方組織とか政治資金とか、いろいろと問題が出てくるし。年内総選挙をいつ仕掛けられても不思議ではないので、本来なら広島サミットの前に泉代表が辞任して、代表選挙をサミットまでに済ませる。これがベストシナリオだと思っています。

――でも辞める気配、全然ない。

横田　はい、だからGW明けにリベラル派に頑張ってもらってね。そして立民支持者の中からも「泉降ろし」の声をあげていってね。立民が野党第1党として踏ん張れるかどうかの瀬戸際です。そんな危機意識が広がるかどうかに注目しています。

――そうですね、何とかして維新の野党第1党化を止めて、そして市民の力で本気の野党共闘を作り上げて政権交代を目指す。こんな希望が持てる展開にしたいですね。今日はありがとうございました。

横田　ありがとうございました。

PART.5

「お祭り資本主義」で大阪は破産へまっしぐら

【ルポ】
ジャーナリスト
西谷 文和

※このルポは2023年4月27日に現地取材したものです。

トラックの土からも疑われる業者の利権

23年4月27日、おおさか市民ネットワーク代表の藤永のぶよさんの案内で夢洲の現場視察を行った。大阪南港（咲洲）から夢咲トンネルを抜けると、そこはもう夢洲だ。大型トラックがビュンビュン走る道を数分行けば工事現場入り口ゲート。

「危ないですから停まらないでください」

警備員が飛んでくる。

「ちょっとだけ、見学させてください」

路肩に車を停めて撮影開始。車体に「ばんぱく」と書かれた4トン車がひっきりなしに往来する。ここに山土を運び入れて、せっせと埋めている。なにしろ万博まであと2年、突貫工事の真っ最中だ。

「トラックに積んでる土が見えへんわ。怪しいなー」

藤永さんの分析はこうだ。万博会場の埋め立て工事が「トラック1台につき、いくら」で発注されていると

「ばんぱく」と大書されたトラックが次々とやってくる

すれば、少ない土で何台も往復させる方が、業者は儲かる。

この手のトラックは通常、荷台に山土や建設残土が積み上げられているので、外から見える。処理場には重さを測る機械があって「1トンにつき、いくら」の契約なので、積めるだけ積んで往復する。

ここ、万博工事現場には山土の重さを測る測定器がないのかも。だとすれば、トラックを何回も往復させた方が儲かる。そしてこの突貫工事の発注者は万博推進局だろう。つまり、ほぼ公金。東京五輪でもそうだったが、「ドサクサに紛れて税金をチューチュー吸い上げる仕組み」がここにも存在するようだ。

心配される現場の作業者の健康被害

「あの黄色いテントは何？」。私の質問に「あれは地下鉄の工事と違うかな？　位置的にはあそこが夢洲新駅になるから」。そうかあの場所に巨大な穴があって、今まさに大阪メトロを延伸させようとしているのだ。

有害物質や粉塵の飛散を抑え込むテント

雨よけのテントにはもう一つ隠された役割がある。それは「粉塵の抑え込み」。夢洲はゴミと建設残土、浚渫土砂で埋められた土地。そこに大きな穴を掘る。藤永さんが情報公開で手に入れた汚染土壌の資料によれば、たとえば、総水銀が2・4ｐｐｍで環境基準の24倍、ＰＣＢは2・8ｐｐｍで28倍。含水率が49・2％、つまり半分は水。２０２５大阪万博は「毒の入ったベチャベチャの土」の上で行われる。そもそもこんな場所に巨大な穴を開けてはいけないのだ。

「心配なのは、作業員の健康。粉塵が舞う中でパビリオンを建てたり、円形通路を作るんでしょ？万博協会は『作業中には水を撒きます』（苦笑）って言うけど、絶対に吸い込んでしまうよ」

藤永さんの懸念はもっともで、この場所には発がん性物質であるダイオキシンやアスベストも大量に埋まっている。万博のキャッチフレーズは「いのち輝く未来社会のデザイン」。もう、ほとんどブラックジョークだ。

ちなみにあのカエルの卵のような気色悪いキャラクターとこのキャッチフレーズは、万博終了後に「歴史に名が残るほど恥ずかしいもの」に転化するだろう。「東京五輪よ、感動をありがとう！」by電通（笑）のように。

「維新圧勝」を支える巨大利権による集票マシーン

「危ないですよー、早く移動してくださーい」

警備員がこっちに向かって大声で叫んでいる。その警備員が立つ入り口ゲートに、黒のワゴン車が2台。トラックが往来するゲートを、工事に似合わない高級ワゴン車が入っていく。

「ゼネコン関係者やで。最近は背広組がたくさん来るねん。なにしろ万博は1800億円の巨大工事で、それがどんどん膨らむんやから」

昨今の資材高騰と人件費急騰、そして埋めても埋めても沈んでゆく夢洲の地盤。業者にとってはとてもおいしい公共工事で、万博が大失敗しても最後は税金で埋め合わせてくれる。「そやから知事選、市長選でみんな維新に入れたんや。下請けや孫請けにも『今回は自民よりも維新や、わかってるやろな』と大号令が下ってたんと違うか」

そう、大阪でなぜ維新がこれほど強いのか？　自民党がなぜ大敗したのか？　その理由の一つは巨大利権。「万博とカジノを、自民党よりも強烈に推進するのは

ゼネコン関係者と思われる高級ワゴン

維新」なのだ。選挙中に潜り込んだ維新のタウンミーティングでも背広組の姿が目立っていた。そして維新のポスターは不動産業や建設業のビルに貼られていることが多い。大手メディアは「維新圧勝」と報道しているが、何のことはない、利権による集票マシーンが回った結果なのである。

「対案」は中止か、鶴見緑地で縮小開催

工事現場を後に咲洲のWTCビルへ移動。地上55階、高さ256mの屋上展望台から夢洲を一望するのだ。閑散としたチケット売り場で入場券を買って展望台のエレベータへ。柱の陰から慌てて職員が飛び出してくる。めったに客が来ないのだ。

ガランとした展望台から夢洲の全貌を撮影。「あの水色、雨が溜まってるんと違うやろか。今日はドロドロやと思うで」。昨日、一昨日と結構降ったので、水たま

WTCビルから見た夢洲。円形通路の基礎ができている。

りができたのかもしれない。雨が降ればドロドロになり、晴天が続けば粉塵が舞う夢洲での突貫工事。後2年で完成するのだろうか?

計画ではウォータープラザになる池も見える。なぜ万博会場に池が必要なのか? それは夢洲に溜まった水をそのまま大阪湾に流せば法律違反になるから。雨水や地下水に有害物質が含まれてしまうため、島の中に池を作って貯溜させ、薬品を混ぜて浄化する。環境基準をクリアさせてからでないと海へ放出できない。福島原発の「処理水」と同じ理屈。そんなウォータープラザの予定地を撮影している時だった。

「丸ができてるやん! あそこが円形通路になるんやで」

藤永さんの指差す方向に円形の土地。万博基本計画には「四方を海に囲まれたロケーションを活かし(中略)円環状の主動線を設け(後略)」るとある。あれが主動線、通路になり円環の中にパビリオンが建設される計画だ。

「ちゃんと作ろうと思えば80mの杭を打たなアカンのよ。コストの関係でグチュグチュの地面に道路やパビリオンを置くだけ。台風で飛ばなければいいけど」

万博期間は夏の台風シーズンだ。さすがにパビリオンは飛ばないかもしれないが、周囲には小さな食堂やレストランも。18年9月に台風21号が大阪を直撃した時は咲洲、夢洲の巨大コンテナが飛んでいった。同程度の台風が来ればレストランの看板やテントはまず飛んでいくし、何よりもトンネルと橋が通行不能になるので、観光客やスタッフは閉じ込められる。恐怖とストレスで死者が出るかもしれない。入場料8千円を払って観光客の「いのちの危機がデザイン」されるのだ。

　はたしてこのまま夢洲で万博を開催してもいいのだろうか？　維新はよく「対案を出せ」と迫ってくる。私の対案は、①世界に謝罪して中止する。②花博の跡地である鶴見緑地か吹田の万博跡地で小ぢんまりと開催する、のどちらか。

　株の世界で「損切り」という言葉がある。危ない事業は早めに手を引く方がいい。このまま強行すれば、工事が遅れて開催に間に合わない可能性もあるし、歴史的な大赤字になるだろう。その時には責任者の松井一郎は逃げていて、橋下徹は我関せずを貫くだろう。その頃、大阪は破産し夕張のようになってしまう。なぜ私はそう確信するのか？　実は私は「参考になる前例」を取材しているのだ。次にその「前例」を見てみよう。

2018年9月の台風で飛ばされたコンテナ

閑古鳥が鳴いていた2022年のドバイ万博

2022年2月11日（金）、私はＵＡＥのドバイにいた。日本からアフガニスタンへの直行便はない。いったんドバイで降りてアフガニスタンのビザを申請し、カブール行きの飛行機チケットを買う。ところが肝心のビザがなかなか出ない。ジリジリと待つこと数日、ヒマなので万博会場へ。ドバイ中心部からモノレールに乗り、約50分でエキスポ駅。入場ゲートでチケットを買うべく、パスポートを見せる。「ウェルカム、お前はフリー」「えっ、無料なの？」。なんと60歳以上は無料だった。

ゲートをくぐり中へ。だだっ広い会場に人影はまばら。金曜日はイスラムの休日で、万博終了まであと1ヵ月。「見逃してはならない」「最後にもう一度見ておこう」。家族連れやカップル、外国人観光客でごった返しているのかな？と思ったが、ガラガラ。おそらく

広い会場に人がまばらなドバイ万博

60歳以上を無料にしたのは、思った以上に客が来ないからだろう。

　巨大テントのような大屋根がある。これは遊牧民のテントを模したものだと思われる。巨大テントの向こうに地元UAE館があって、その先にドイツ館、イタリア館が続いている。そしてイタリア館の隣にはなんとイスラエル館。UAEはかつての宿敵イスラエルと国交を樹立したばかりで、イスラエルを万博に招いているのだった。アラブ諸国の敵＝イスラエル、という旧来の常識はもう通用しないのだ。

　アメリカ館がある。待ち時間わずか5分で中へ。副大統領のカマラ＝ハリスが画面に出てきて歓迎スピーチ。NASAのロケットや人工衛星が並ぶ廊下を進んで最後の部屋に入ると、天井から巨大な地球儀が降りてきて、アポロ月面着陸の様子などが地球儀に写る。で、ジ・エンド。「あー、しょーむな」。出口でコーヒーの無料サービス。「貧弱な展示でゴメンね。コーヒー飲んで我慢して」とでも言われているかのようだ。

　日本館がある。入ろうとすると「予約されてますか?」。久しぶりに聞く日本語。「予約、必要なんですか?」「はい」。そんなん知らんぞ、なんと高飛車な。心の中で叫びつつ、「ネットで予約すれば明日の朝9時から入れます」。受付嬢のスマイルの前にスゴスゴと引き下がる。日本館の隣が回転寿司のスシローだった。脂っこいアラブ料理に飽きたので、寿司を食べて帰る。スシローの待ち時間は30分で、他国のパビリオンより圧倒的に混んでいた（苦笑）。

　以上が22年2月時点での、ドバイ万博の実情である。想像以上に客が来ていないのは、おそらく

「時代が変わったから」。今やスマホ1つで、居ながらにしてパビリオンの様子がわかる。娯楽が多様化し、グローバル化で世界は小さくなり、「珍しいもの」「面白いこと」は簡単に共有される。わざわざ時間と交通費をかけて「暑い万博会場まで行かなくてもなー」。これがドバイっ子の本音ではないか。

ドバイ万博は中東で初めて開催されたもの。それでも客は来ない。しかし、ドバイは金満都市なので赤字が出てもなんとかするのだろう。会場も普通の土地なので、跡地は公園や貿易ターミナル、工業団地などに活用できる。

今からでも回避できる大失敗と大赤字

ひるがえって2025大阪万博はどうなるか？　おそらく、コケる。大阪は2回目で、急速に少子高齢化、貧困化が進んでいる。70年の大阪万博、アメリカ館は「4時間並んで月の石」だった。当時はみんな若かったし、経済は右肩上がり。娯楽が少なく、インターネットもない。テーマは「進歩と調和」。あまりにもたくさんの人が並ぶので、「辛抱と長蛇」だった。

今回は行かない、いや行けない。万博の期間は4月～10月の半年間、温暖化が進むヒートアイランド夢洲。「4時間並んで月の石」になれば、爺ちゃん婆ちゃんたちは倒れてしまう。そして4～10月といえば、台風襲来の季節。海に浮かぶ夢洲へのアクセスは夢咲トンネルと夢舞大橋のみ。災害にはとても弱い構造なのだ。もしトンネルが水没し、橋が強風にあおられて通行不能になれば、万博会場に取り残された人々は脱出不可能。高温多湿の夢洲に取り残された人々の中から死者が出る可能性もある。

幸い大型台風が来なかったとしても、大赤字の危険は避けられない。そもそも高い交通費プラス7千5百円の入場料を払って不便な夢洲に行く人は少ない。東京オリンピックが見事にコケて大赤字を出した。しかし、まだオリンピックはテレビの放映権料が入る。万博は入場料収入がすべて。東京オリンピック以上の赤字を垂れ流し、そして終了後にはパビリオンの選定、設計施工などで「口を利いたヤツ」「中抜いたヤツ」が捕まるのではないか。

維新は「お祭り資本主義」なのである。道頓堀川にプール、大阪城公園でモトクロス、世界遺産の古墳の上空にガス気球、そして夢洲で万博、カジノ。祭りの陰でゼネコン、吉本興業、サラ金、メガバンクなどの「お友だち」が儲かる。祭りに税金を突っ込むから、コロナや物価高、中小企業対策などが後回しになり、さらに貧困が進む。そうなってはじめて、「しまった、23年の知事、市長選挙で維新を勝たせるべきではなかった」。後悔と怨嗟の声が街にあふれ出すかもしれない。だからできるだけ早く手当てをしなければならない。出血を最小限に抑えるには、まずはカジノを止める。続いて万博を縮小させる。これが沈没寸前の大阪を救う処方箋だ。

あとがき

「戦争は街を壊します、カジノは人生を壊します。どちらも要りません。岸田首相はアメリカの武器を爆買い、吉村知事はバクチ場を建設。こんなことを続ければ、日本は武器で破産、大阪はバクチで破産。この2人を選挙で止めましょう、投票に行きましょう」

2023年4月8日に行われた大阪市長選挙終盤、私は「北野妙子勝手連」を結成し、微力ながら街頭で訴えた。ちらほら拍手する人もいたが、ほとんどの通行人は黙って通り過ぎていった。あんまり関心ないのかなー、「誰に入れても一緒や」とあきらめてるのかなー。不安は的中。投票率が前回よりかなり下がって維新が「圧勝」した。

戦争は街を壊す。

選挙後すぐにウクライナへ飛んだ。ウクライナ東部、ロシア国境までわずか20キロのテシュケ村には戦争初日からミサイルが雨あられのように降り注ぎ、ほぼすべての民家が壊滅していた。誰も住めなくなった廃墟の村でカメラを回していると数匹の犬が鼻を鳴らしてやってくる。飼主がいないのでお腹をすかせているのだった。

「ああフクシマと一緒や」。原発事故直後の福島県双葉町を思い出した。フクシマの場合、街を壊したのは原子力ムラで、ウクライナの場合は、ロシアの巨大な武器産業だ。その後、アメリカとEU諸国が最新鋭兵器を「援助」したので、欧米の武器産業も笑いが止まらない状況になっている。首都キーウではすごい勢いでマンションや幹線道路が補修され、橋が架け直されていた。工事するのはゼネコンだ。こうして「原子力ムラ」と「戦争ムラ」が栄えていく。

カジノは人生を壊す。

ギャンブル依存症の父を持つ貧困問題ジャーナリストの山口美和子さんによれば「ある日突然、自宅からピアノがなくなり、庭付きの一戸建てから市営住宅に引越しになり、中学を卒業したら授業料無料はもちろん、制服代もかからない看護師コースの高校に行くしかない」選択だった。卒業後は病院で働く、いわゆる「お礼奉公」付きのコースのみ。財産と家族の幸せ、そして職業選択の自由を奪ったのはパチンコの存在だった。

俳優の菅原文太さんが亡くなる直前、沖縄市長選挙の応援演説で「政治の役割は2つあります。1つは国民を飢えさせないこと。安全な食べ物を食べさせること。もう1つは、これは最も大事です。絶対に戦争をしないこと」と訴えた。今ならこの2つに加えて「バクチ場を作らせないこと」と訴えられるだろう。そして地震や台風は無理かもしれないが「戦争とカジノは人の力で止められる」のだ。

読売、産経など政府寄りのマスコミが「維新圧勝」と報じるので、市民運動の側に何となく敗北感、徒労感が広がっているように感じるが、本書で分析したように維新はそれほど得票を増やしたわけではない。むしろ反維新側が投票率を上げることに失敗し、票を減らしてしまったのが敗因だ。ならば次回はしっかりと野党共闘を作り上げて、戦争とカジノを止める展望を指し示し投票率を上げればいい。本書がその起爆剤の一つになれば望外の幸せである。

最後に対談していただいたみなさん、夢洲に関する最新資料を提供してくださった藤永のぶよさん、辛抱強く原稿を待ちながら編集してくださった岩本恵三さん、そして、何より『路上のラジオ』のリスナーのみなさんに感謝を申し上げ、ここでひとまず筆を置くことにする。

２０２３年６月　ウクライナから帰国して

【著者紹介】

西谷 文和（にしたに ふみかず）

1960年京都市生まれ。大阪市立大学経済学部卒業後、吹田市役所勤務を経て、現在フリージャーナリスト、イラクの子どもを救う会代表。

2006年度「平和共同ジャーナリスト大賞」受賞。テレビ朝日「報道ステーション」、朝日放送「キャスト」、ラジオ関西「ばんばんのラジオでショー」、日本テレビ「news every.」などで戦争の悲惨さを伝えている。

西谷文和「路上のラジオ」を主宰。

主著に『聞くだけの総理 言うだけの知事』（日本機関紙出版センター、2022年）、『ウクライナとアフガニスタン』（同、2022年）、『自公の罪 維新の毒』（同、2021年）、『ポンコツ総理スガーリンの正体』（同、2021年）、『安倍、菅、維新。8年間のウソを暴く』（同、2020年）、『西谷流地球の歩き方 上・下』（かもがわ出版、2019年・20年）、『戦争はウソから始まる』（日本機関紙出版センター、2018年）、『「テロとの闘い」を疑え』（かもがわ出版、2017年）、『後藤さんを救えなかったか』（第三書館、2015年）など。


打倒維新へ。あきらめへん大阪！

大阪市長選敗北の中に見る希望

2023年 7 月 1 日 初版第 1 刷発行

著　者　西谷文和
発行者　岩本恵三
発行所　株式会社せせらぎ出版
　　　　コミュニティ・パブリッシング事業部
　　　　〒530-0043　大阪市北区天満1-6-8 六甲天満ビル10階
　　　　TEL 06-6357-6916　FAX 06-6357-9279

印刷・製本所　モリモト印刷株式会社

ISBN978-4-88416-299-3